내가 벌써
마흔이라니

내가 벌써
마흔이라니

김가락 지음

사십춘기의 마흔앓이

흔들림은 끝이 아니라,
더 큰 변화를 위한 여정이다

좋은땅

목차

프롤로그 - 마흔 즈음에 6

PART 1. 시간이 주는 변화와 생각

1장. 마흔 즈음에 문득 드는 생각 15
2장. 나이가 든다는 것 25
3장. 40대가 되면 청첩장보다 부고장이 많아진다 35

PART 2. 몸과 마음이 보내는 신호들

4장. 건강이 곧 삶이라는 깨달음 49
5장. 거울 앞에 서서 61
6장. 잠들기 전 생각하는 것들 75

PART 3. 관계의 변화와 깊이

7장. 변하는 관계, 변하지 않는 정 89
8장. 슈퍼맨이라는 이름의 무게 103
9장. 끌어올림과 끌어내림 115

PART 4. 달라지는 삶의 방식

10장. 40대와 술, 나이와 함께 변하는 취향　129

11장. 40대와 노래, 같은 곡 다른 느낌　139

12장. 40대의 여행, 젊은 날의 여행과는 다른 길 위에서　151

13장. 40대의 재테크, 삶을 위한 투자　167

PART 5. 내면의 목소리에 귀 기울이다

14장. Overdrive, 나에게 묻는다　179

15장. 후회와 수용 사이에서　189

16장. 자신을 사랑한다는 것, 자기애에 대하여　199

17장. 혼자만의 시간이 소중해지는 때　209

18장. 완벽하지 않아도 괜찮다는 깨달음　221

에필로그 - 마흔이 주는 새로운 시선　232

프롤로그

마흔 즈음에

"또 하루 멀어져 간다."

이 구절을 들으면,
많은 사람들의 머릿속에서
자동으로 멜로디가 흐를 것이다.

故 김광석님의 "서른 즈음에".

누군가는 이 노래를 직접 불러 봤을 것이고,
또 다른 이는 故 김광석님 또는 다른 가수가
부르는 모습을 들어 본 적이 있을 것이다.

서른이라는 숫자는
청춘의 끝자락과 어른스러움의 경계에 서 있는
나이다.
그래서일까.

"서른 즈음에"는 청춘이 끝나는 것 같은

막연한 두려움과 방황,
그리고 어쩔 수 없이 받아들여야 하는 삶의 변화를
노래한다.

이 노래가 사랑받는 이유는
단순한 멜로디나 가사의 힘 때문만은 아니다.

'변해 가는 나의 모습을 지켜보면서
가만히 흘러가는 시간을 아쉬워하는 마음'

이것이야말로 많은 사람들이
공감하는 감정이기 때문이다.

故 김광석님의 목소리에는
그 감정이 담백하면서도 깊이 있게 담겨 있다.

"서른 즈음에"는
단순히 한 개인의 이야기가 아니라,
우리가 모두 지나왔거나 지나가야 할 과정에 대한
이야기다.

그런데, 문득 이런 생각이 들었다.

"서른 즈음에"라는 노래는 있는데,
왜 "마흔 즈음에"라는 노래는 없을까?

서른은 아직 젊음의 잔재가 남아 있는 나이이지만,
마흔은 더 이상 젊다고 말하기 어려운 시점이다.

서른 즈음에 우리가 두려워했던 것이
'앞으로 어떻게 살아야 할까'라는 질문이었다면,

마흔 즈음에는 '지금까지 잘 살아왔을까'라는
질문이 우리를 괴롭힌다.

이는 단순히 연령의 차이에서 오는 감정 변화가 아닌,
삶을 바라보는 태도의 변화에서 비롯된다.

서른과 마흔 사이에서 느껴지는 감정들

서른을 맞이할 때와
마흔을 맞이할 때의 감정은 다르다.

서른 즈음에는

여전히 무언가를 해 볼 수 있다는 기대감이 남아 있다.

때로는 도전할 용기가 부족하더라도,
아직 실패해도 괜찮다는 위안이 있다.

하지만 마흔이 되면 이야기가 조금 달라진다.

인생의 절반을 지나왔다는
현실적인 감각이 들기 시작한다.

누군가는 여전히 꿈을 쫓고 있을 수도 있고,
누군가는 이미 정해진 길을
묵묵히 걸어가고 있을 수도 있다.
그런데 한 가지 확실한 것은,
마흔 즈음이 되면
'지금까지의 선택이 내 인생을 결정짓고 있다'는
느낌이 강하게 든다는 점이다.

어떤 사람들은 그 선택을 후회하기도 하고,
어떤 사람들은 그 선택에 만족하며 살아가기도 한다.

하지만 후회이든 만족이든,

더 이상 '가능성'이라는 단어가
우리 삶을 지배하지 않는다는 사실이
우리를 더욱 복잡한 감정으로 몰아넣는다.

'더 이상 새로운 시작은 어려운 것일까?'라는
질문이 머릿속을 맴돌기 시작한다.

마흔 즈음에는 과거를 돌아보게 된다.

20대에는 앞만 보고 달렸고,
30대에는 자리를 잡기 위해 분투했다.
하지만 마흔이 되면, 문득 뒤를 돌아보게 된다.

그리고
'나는 잘 살아왔을까?'라는 물음과 마주하게 된다.

이는 단순히 후회의 감정이 아니라,
삶의 의미를 다시금 생각해 보게 하는 과정이기도
하다.

그렇다.

이 책은 미혹(迷惑)되지 않는
'불혹(不惑)'의 나이가 되었지만,
아직도 계속해서 흔들리고 있는
"마흔 즈음에" 우리의 이야기를 나눠 보고자 한다.

PART 1.

시간이 주는 변화와 생각

1장.
마흔 즈음에 문득 드는 생각

서른을 지나 마흔의 길 위에서
잠시 멈춰 섰다.

서른과 마흔 사이에서

서른을 맞을 때와 마흔을 맞을 때는 정말 다르다.

서른 때는 여전히 무엇이든지 할 수 있을 것 같은 기분이었다.

회사에서도 "아직 젊으니까"라는 말을 들었고,
실제로도 그런 기분이었다.
실패해도 다시 일어설 수 있다는
그런 자신감이 있었다.

물론 불안하긴 했었다.
앞으로 어떻게 살아야 할지,
지금 하고 있는 일이 맞는 건지,
이런 생각들이 들기도 했다.

하지만 그 불안도 나름 낭만적이었다.
'아직은 뭐든 될 수 있다'는 가능성이
남아 있었으니까.
용기가 부족해서 못 하는 거지,
정말 마음먹으면 뭐든 할 수 있다고 믿고 있었다.

근데 마흔이 되니 전과는 확연히 다른 느낌이 들었다.

우선 사람들이 나를 보는 시선이 달라졌다.

"아직 젊으니까"라는 말은 더 이상 들을 수 없고,
대신 "이제 중견이시니까", "경험이 많으시니까"라는
말을 듣게 됐다.

처음에는 인정받는 기분이 좋았다.
하지만 곧 깨닫는다.

이제는 가능성이 아니라
현재의 실력으로 평가받는 나이가 됐다는 걸.

서른 때는
"앞으로 잘할 거예요"라고 말할 수 있었는데,
마흔에는
"지금까지 뭘 했는지" 보여 줘야 한다.

인생의 절반을 지나왔다는 실감도 든다.

한국의 평균 수명이 약 80세라고 하니…

정말로 절반을 넘긴 셈이다.

그러니까 이제는 '지금까지 어떻게 살았나?'를
되돌아보게 되는 건 자연스러운 일인 것 같다.
그리고 '앞으로 남은 시간을 어떻게 쓸 것인가?'를
진지하게 고민하게 된다.

'가능성'이라는 단어의 변화

20대와 30대에는
'가능성'이라는 말이 희망적으로 들렸다.

"아직 가능성이 많아요"
"어떤 길로든 갈 수 있어요"
"지금부터 시작해도 늦지 않아요"
이런 말들이 위로가 되고 격려가 됐다.

하지만 마흔이 되니까
그 같은 말들이 오히려 부담스럽게 느껴진다.

정말로 아직도 어떤 길이든 갈 수 있을까?

지금부터 완전히 새로운 걸 시작한다면
정말 늦지 않은 것일까?

물론 불가능한 건 아니다.
40대에 새로 시작해서 성공한 사람들도 많다.
하지만 현실적으로 생각해 보면… 가족도 있고,
월급도 받아야 하고, 대출도 갚아야 한다.

30대 때처럼 무모하게 뛸 수는 없다.
실패했을 때 감당해야 할 것들이 너무 많아졌다.

그래서 '가능성'이라는
단어가 예전만큼 설레지 않는다.

오히려

'더 이상 새로운 시작은 어려울까?'

라는 생각이 계속해서 머리를 맴돈다.

자연스럽게 뒤를 돌아보게 된다

20대에는 앞만 보고 달린다.

무엇인가 되고 싶었고, 무엇이든 이루고 싶었다.
과거는 별로 중요하지 않았다.
어차피 짧은 과거였으니까.

30대에는 자리 잡기에 바쁘다.

직장에서 인정받고 싶었고,
결혼도 해야 하고,
집도 마련해야 하고, 그런 것들에 집중했다.

그런데 40대가 되니까 문득 내가 살아온 날들을 돌아보게 된다.

'내가 지금까지 어떻게 살았지?'

라는 질문은
단순히 후회의 마음보다
잠시 멈춰 서서 정리하고 싶은 마음에 가까운 것 같다.
내가 살아온 삶의 의미를

다시 한번 생각해 보고 싶은 마음이 든다.

어떤 이들은 과거의 그 선택들을 후회한다.
"그때 그 회사로 갔더라면…"
"결혼을 좀 더 늦게 했더라면…"
"용기를 내서 창업을 했더라면…"

어떤 이들은 자신의 선택에 만족한다.
"그래도 지금까지 나쁘지 않게 살았던 것 같아"
"후회되는 일도 있지만 그것도 내 인생이야"

마흔이 되면 문득 여러 생각들이 들게 된다.

그런데, 후회이든 만족이든, 한 가지는 확실하다.
지금까지의 선택들이 현재의 나를 만들었다는 것.
그리고 그 무게가 생각보다 무겁다는 것.

우리는 그 무게를 견디며 30대의 끝자락을 지나
마흔의 터널을 묵묵히 걷고 있다.

2장.
나이가 든다는 것

세월의 흔적이라는 말은 너무 단순한 표현 같다.
그보다는 살아온 날들이 차곡차곡 쌓여
만들어 낸 질감 같은 게 느껴진다.

40대라는 지점에서

어제 아침에 거울을 보다가 이런 생각이 들었다.
분명히 내 얼굴인데 무엇인가 다른 것 같은 그런 느낌

예전보다 눈가에 주름도 많아졌고,
볼도 살짝 처진 기분이 든다.

눈빛도 예전과는 달랐다.

그 순간 이상한 기분이 들었다.
슬프다거나 우울하다는 게 아니라,

뭔가… 신기했다.

'아, 나도 정말 나이가 들었구나.'

얼굴에 세월의 흔적이 느껴졌다.
아니, 세월의 흔적이라는 말은 너무 단순한 표현 같다.
그보다는 살아온 날들이
차곡차곡 쌓여 만들어 낸 질감 같은 게 느껴졌다.

20대 때는 몰랐던 무엇인가가 내 얼굴에 담겨 있었다.

40대에 접어든 우리는
성숙과 현실 사이에서 균형을 찾아 가는 중이다.

젊었을 때는 시간이 흘러가는 것에 무감각했다.

물론, 1년에 한번 생일을 맞이할 때 느끼게 되는
'또 한 살 늙었다'는 생각은 가끔 날 우울하게 했다.

뭐라 할까.
꽃이 절정을 향해 피는 모습은 아름답지만,
시간이 지나면 지날수록 저물어 가는 시간도
다가온다고 생각했기 때문일까?

나이가 들어 가는 것은
곧 가능성이 줄어드는 것처럼 느껴졌었다.

하지만 40대가 되면서 조금씩 생각이 바뀌었다.

나이가 든다는 게 단순히 쇠퇴하는 것이 아닌
무언가를 더 이해하게 되는 과정이라는 걸 깨달았다.

예를 들어,
길을 걸으면서 문득 낯선 향기를 맡을 때가 있다.
20대 때는 그냥 지나쳤을 그 향기를,
지금은 잠시 멈춰서
그 향기가 어디서 오는지 찾아본다.

아파트를 들어설 때 나는 향기는 누군가의 집에서
저녁을 준비할 때 나는 냄새일 수도 있고,
횡단보도에서 신호를 대기할 때 나는 이 향기는
길가에 핀 이름 모를 꽃의 향기일 수도 있다.

40대가 되니 그런 순간들이 나의 하루와 시간들을
조금 더 다채롭게 만든다는 것을 깨닫게 됐다.

오래된 노래를 들으면
그때의 기억이 선명하게 떠오르는 것도 마찬가지다.

20대 때는 그냥 좋은 노래였는데,
지금 들으면
그 노래와 함께했던 시간들이 떠오른다.

어린 시절에는 지나쳤던
사소한 순간들이 나이가 들수록 더 빛이 난다.

마흔이 되는 지금,

"소중한 건 시간이 지날수록 더 가치가 깊어진다"는
사실을 이제는 안다.

낭만은 여유 속에서 피어난다

젊을 때는 정말 바쁘다.

성취를 위해 달리고
인정받기 위해 애쓰고,
더 나은 삶을 향해 앞만 보고 걸어간다.
주변을 둘러볼 여유는 없다.

친구들과 만나서도
"요즘 어떻게 지내?"
"회사는 어때?"
"그때 만나던 분하고는 잘 되고 있어?"

이런 대화만 했던 것 같다.
깊이 있는 대화보다는 정보 교환에 가까웠다.

그런데 40대가 되면서 깨달았다.

낭만은 빠르게 달릴 때가 아니라,
잠시 걸음을 멈출 때 비로소 보인다는 걸.

바쁜 일상 속에서도 문득 하늘을 올려다보고,
해질 녘 노을이 지는 순간을 음미할 수 있을 때
우리는 진정한 낭만을 경험한다.

이전에는
낭만이 뜨거운 사랑이나
청춘의 감정에만 있다고 생각했다.
드라마나 영화에서 나오는 그런 장면들 말이다.

하지만 이제는 안다.
- 비 오는 날 창가에 앉아 마시는 커피 한 잔
- 오래된 책에서 발견한 누군가의 희미한 필체
- 친구들과 한참 웃다가 자연스럽게 조용해진 순간
- 지하철에서 우연히 들린 할머니와 할아버지의 대화

- 퇴근길에 마주친 석양

낭만은 삶의 틈새 곳곳에 숨어 있다는 걸.

예전 같으면 낭만이라는 단어가 낯간지러웠을 텐데,
지금은 낭만이라는 단어가 주는 울림이 좋다.

나이가 들어 간다는 것은
내가 살아온 날들이 차곡차곡 쌓여
'낭만'을 이해하는 과정인가 보다.

3장.
40대가 되면 청첩장보다
부고장이 많아진다

청첩장은 미리 예고하여 준비할 시간을 준다.
그러나 부고장은 아무 말도 없이 갑자기 찾아온다.

연락처를 문득 보며

며칠 전에 휴대폰을 정리하다가 문득 깨달았다.

수백 명의 사람들이 연락처에 저장되어 있는데,
정작 전화하고 싶은 사람은 생각보다 많지 않다는 걸.

20대에는 친구들과 하루 종일 붙어 다녔다.
대학교 때는 같은 과, 같은 동아리 친구들과
거의 매일 어울렸고,
직장인 취미 밴드를 했을 때는 공연과 음악을 하며
멤버들과 시간을 보냈다.

직장 초년생 때는 동기들 또는 회사 선배들과 함께
퇴근 후에도 자주 어울렸다.
나름의 고민과
먼저 경험한 이들의 이야기를 경청하며
퇴근 후 그렇게 한잔 기울이는 것이
좋았다.
30대에는 바빠졌지만
그래도 모임을 만들어 가며 만났다.
결혼식도 많았고, 아이 돌잔치도 많았다.

축의금 부담이 크긴 했지만,
그래도 친구들과 나의 지인들의 새로운 시작을
축하할 수 있어서 기뻤다.

그런데 40대가 되니까
친구 관계가 자연스럽게 변했다.

모임 자체가 줄어들었다.
다들 각자 바빠졌고,
가족들과 보내는 시간이 우선순위가 됐다.

그리고 함께 얼굴을 보며 이야기할 수 있는
모임의 유형도 변하게 됐다.

나와 추억을 함께 한 이들이 나의 연락처에는 있지만,
선뜻 연락을 하기 어려운 사람들이 많아졌다.

청첩장보다 부고장이 많아진다

40대가 되면서
이제는 결혼식장보다 장례식장을 가는 일이 많아졌다.

어느 날 갑자기
휴대폰 메시지를 통해 전해 받는 부고 소식은
더 이상 낯설지 않다.

부모님의 연세가 점점 높아지고
나도, 친구들의 가족들도 세월 앞에서 이별을 한다.

또한,
예상치 못한 사고나 질병으로
사랑하는 사람들을 떠나보내는 일이 늘어난다.

30대까지 가끔 들리던 부고가
이제는 현실적인 무게로 다가온다.

청첩장은 새로운 만남을 알리는 소식이다.
둘이 됨을 예고하고,
가족이 되어 세 명이 되고 네 명이 되며
점차 구성원이 늘어남을 미리 예고하는 소식이다.

그러나, 부고장은
이제 사랑했던 누군가를 떠나보냈음을 알린다.

청첩장은 미리 예고하여 준비할 시간을 준다.

몇 월 며칠 어디에서 결혼함을 알리며,
당사자가 직접 자신의 좋은 소식을 알린다.

그러나,
부고장은 갑자기 찾아온다.
회사에서 일을 하고 있다가,
또는 친구와 저녁에 술 한잔하고 있다가,
또는 주말에 가족과 시간을 보내고 있다가,
갑자기 알림을 받는다.

그 사람이 가장 사랑했던 사람들로부터.

이별에 익숙해져야만 하는, 그러나 익숙할 수 없는

예전에 어떤 직장 선배가 이런 말을
한 적이 있다.

"경조사는 웬만하면 꼭 참석하고,
결혼식은 너무 바빠서 참석하지 못하더라도

장례식은 꼭 가는 게 좋다."

내가 그 이유를 물으니, 그는 이렇게 대답했다.

"결혼식은 네가 아니더라도 축하해 줄 사람이 많지만,
장례식장에는 설사 네가 고인을 알지 못해도
함께 슬픔을 나누며 위로가 필요한 사람이 있다."

그 이후로 나는 누군가의 부고 연락을 받으면
현실적으로 내가 도저히 갈 수 없는 상황이 아니라면,
장례식장에 꼭 가려고 한다.
날짜가 주말이든,
장소가 지방이든
내가 도저히 물리적으로 시간적으로
갈 수가 없는 때가 아니라면
장례식장에 간다.

나이가 들어 가면서 점점 장례식의 대상도 변한다.

예전에는
조부모, 외조부모상이 많았는데,
요즘에는 부모상, 자녀상,

심지어 본인상인 경우도 있다.

친구 또는 직장 동료들이 상주인
장례식장에 조문을 가게 되면
감정이 복잡하다.

이미 눈시울이 붉어진 그들의 눈이
조문을 온 나를 보고, 다시 촉촉해진다.
그리고,
애써 담담하게 앉아
서로 소주를 따르며 이야기를 나눈다.
많은 말을 하고 있지 않지만,
침묵의 이유는 어색해서가 아니다.

서로의 마음을 너무도 잘 알고 있기에,
내뱉는 말 대신 소주를 잔에 가득 채워
소리 없는 건배로 위로를 대신한다.

나도 얼마 전 외조부님을 떠나보냈다.

주말간 조용히 가족장으로 치르기 위해
회사 동료나 지인에게는 따로 알리지 않고

조용히 가족들끼리만 장례를 치렀다.

다만,
감사하게도 회사에서 장례 관련 지원해 주는 것들이
있어 동료에게 신청을 부탁하였었고,
부고문도 올리자마자 바로 내렸다.

그렇게 빈소에서 밤이 깊어 가고,
이제 더 이상 조문객이 없을 것 같았던 시간
갑자기 나의 회사 동료들이 빈소를 찾아와 주었다.

앞서 말했듯이
회사에는 부고문을 공지하지 않았었고
조용히 장례를 치르기로 생각했었기 때문에
같이 일하고 있는 직장 동료들의 조문을
나는 전혀 예상하고 있지 않았다.

너무 당황해서일까,
늦은 시간 찾아와 조문하고 있는 동료들의 모습을
보니 울컥 감정이 올라왔고,
그 감정은 내 눈을 통해 눈물로 흘러내렸다.

나도 마찬가지였던 것이다.

멀리서 찾아와 준 그들이 고마웠고,
그들이 전해 주는 위로가 내 소주잔에 담겼다.

동료들이 떠난 후
빈소에 앉아 생각해 보았다.
내가 장례식장에 조문을 갈 때도 그러했듯이
그들은 고인에 대해 알지 못한다.

그럼에도 위로와 슬픔을 나누는 사람이 되어 주고자
밤늦은 시간임에도 불구하고
그 먼 거리를 운전하여 찾아와 준 것이다.

40세가 된 지금 우리는
아마도 앞으로 우리가 사랑하는
더 많은 사람들을 떠나보내야 할 것이다.

그럼에도
이 복잡한 감정은 익숙해지지 못할 것 같다.

부고장의 의미

오늘도 평소 자주 연락하지 못했던 지인의 번호로
부고장이 왔다.

지인의 연락처에 내가 있던 이유는
나처럼 선뜻 서로 연락하지는 못하고 있지만,
같이 함께한 추억을 기억하며, 아직 연락처에
서로의 이름을 간직하고 있기 때문일 것이다.

부고장을 받을 때마다 감정이 복잡하다.

부고장은 단순한 종이나 알림이 아니다.

부고장을 받을 때마다
나도 언젠가는
누군가의 기억 속에 남겨질 존재라는 사실이
현실적으로 다가온다.

내 삶을 돌아보게 된다.

그동안 바쁘다는 이유로 미뤄 두었던 일들

연락하지 못했던 사람들
표현하지 못했던 감정들이
갑자기 머릿속을 스친다.
부고장이라는 이름으로 오랜만에 보내는 소식에
과연 얼마나 많은 사람들이 응답하고
그들은 어떤 기억들을 떠올리게 될까.

오늘 받은 부고장을 보니 이런 생각이 든다.

부고장은 삶이 남긴 마지막 여백을 마무리하며
그 여정의 마침표를 찍는
조용하면서도 마음을 두드리는 깊은 연락 같다.

PART 2.

몸과 마음이 보내는 신호들

4장.
건강이 곧 삶이라는 깨달음

건강을 위해서는
이제 어느 정도 포기해야 할 것들이 있다는 걸
인정하게 됐다.

몸이 변하고 있다는 신호들

건강검진 결과를 받던 날이었다.

예전에는 결과를 빠르게 그냥 읽었었는데,
이번에는 유독 꼼꼼히 들여다봤다.
혈압, 콜레스테롤, 혈당, 간 수치 등
예전에는 보이지 않았던 숫자들이 보였고,
의사 선생님의 코멘트가 길어졌다.

언제부터 이렇게 몸이 신호를 보내기 시작했던 걸까.

생각해 보면 몸의 변화는 서서히 시작되었다.

처음에는 별로 대수롭지 않게 생각했다.
밤에 조금 늦게 자면 다음 날 피곤한 것도,
계단을 뛰어 올라가면 숨이 찬 것도,
'나이 들면 이런 거지 뭐' 하고 넘어갔다.

하지만 점점 그런 일들이 자주 생기기 시작했다.

예전에는 아무리 피곤해도

주말에 늦잠을 자고 일어나면 개운했는데,
이제는 늦잠을 자도 몸이 무겁다.
오히려 더 피곤하다.

술을 조금만 마셔도 다음 날까지 술이 깨지 않는다.
예전에는 소주 두 병이 내 주량이라고 말했는데,
이제는 두 병을 마시면 다음 날이 없다.

아침에 일어나는 순간부터

몸이 전하는 메시지는 분명했다.

목이 뻣뻣하다.
어깨가 무겁다.
허리가 조금 아프다.
무릎이 시큰거린다.

예전에는 이런 증상들이 일시적이어서,
운동을 하거나, 또는 마사지를 받으며 몸을 풀거나,
때로는 그냥 며칠 지나면 저절로 괜찮아졌다.

하지만 이제는 다르다.
어제 아팠던 곳이 오늘도 아프다.
그리고 내일도 아플 것 같다.

'이게 그냥 피로가 아니라 내 몸이 보내는 신호구나.'
그제야 현실을 받아들이게 됐다.

아침 루틴도 바뀌었다.

예전에는 일어나자마자 후다닥 씻고 나가면 됐는데,
이제는 몸을 깨우는 시간이 필요하다.

스트레칭도 시작하고, 따뜻한 물을 마시고,
천천히 몸을 움직여 본다.
그래야 하루를 시작할 수 있다.
책상 위에는 어느새 영양제와 건강식품들이 가득하다.
종합비타민, 오메가3, 밀크씨슬, 관절에 좋다는 것,
눈에 좋다는 것 등등

'내가 이런 걸 챙겨 먹을 나이가 됐구나'
싶으면서도, 안 먹으면 하루가 다름을 느낀다.

바뀐 친구들과의 대화 주제

친구들이나 선배들을 만나면 자연스럽게
건강 이야기가 나온다.

"요즘 혈압이 좀 높아서 약 먹기 시작했어."
"나는 당뇨 전 단계라서 탄수화물 조절하고 있어."
"허리디스크 때문에 물리치료 받고 있어."

예전 같았으면 하루의 고단함을 위로하거나,
모처럼의 만난 이 시간을 축하하며
삼겹살과 소주를 주문하며 먹고 있겠지만,
이제는 술을 끊었다는 친구도 있고,
고기보다는 담백한 음식을 선호하는 친구도 생겼다.

2차, 3차는 기본이었던 예전과 달리,
이제는 1차에서 적당히 먹고
커피숍으로 이동해서 차를 마시며 이야기를 나눈다.

"운동 좀 해야 하는데…"

이 말을 안 하는 친구가 없다.
모두들 운동의 필요성을 느끼고 있지만,
막상 시작하기는 쉽지 않다.

"헬스장 등록했는데 몇 번 안 갔어."
"조깅을 시작했는데 발목이 아파서…"
"요가를 해 볼까 했는데 시간이 안 돼."
누구나 비슷한 고민을 안고 있다.

헬스장에서 마주한 현실

한 친구는
"운동하려고 헬스장 갔다가 스트레칭을 했는데
허리를 삐끗했어"라고 하며 한숨을 쉰다.
가만히 듣고 있던 한 친구는 "그럴 때는 폼롤러를 사용해 봐."
라며 어떤 제품인지 검색하여 궁금해하는 친구에게 보여 준다.

이 대화는 내 주변 40대 남자들이 만나서 했던 대화다.

예전 같았으면 말도 안 되는 일이지만,
이제는 충분히 공감할 수 있다.

운동을 할 때도 이제 과거의 나와 다르다는 것을
인정해야 하는 나이가 된 것이다.

그렇다고 운동을 포기할 수는 없다.
지금 시작하지 않으면 앞으로는 더 힘들어질 테니까.

그래서 욕심을 버리기로 했다.
예전의 내가 아닌, 변해 버린 나의 속도에 맞추기로.

먹는 것도 예전과 같을 수 없다.

매운 음식을 먹고 나면 밤새 속이 쓰린다.
기름진 음식을 먹으면 다음 날까지 몸이 무겁다.
몸이 직접 반응을 보이며
'이제 이런 음식은 피하라'고 말하는 듯하다.

자연스럽게 채소가 들어간 음식을 더 찾게 되었고,
가공식품보다 신선한 재료를 선호하게 됐다.
콜라 대신 물이나 차를 마시고,
고기보다 생선을 더 찾게 된다.

하지만 문제는 있다.

입맛이 따라 주지 않는다는 점이다.

기름진 음식을 보면 먹고 싶지만,
먹고 나서의 후폭풍을 생각하면 망설여진다.
'이걸 먹고 괜찮을까?' 하는 생각이 먼저 든다.

그래도 완전히 포기할 수는 없어서 타협점을 찾았다.
일주일에 한 번 정도는 치팅데이를 만들어서
먹고 싶은 걸 먹는다.

대신 다음 날과 그다음 날은 더 조심해서 먹어야 한다.

예전만큼 치팅데이의 여파가
하루만에 회복되지는 않기 때문이다.

건강을 위해서는 이제 어느 정도
포기해야 할 것들이 있다는 걸 인정하게 됐다.

건강이 곧 삶이라는 깨달음

40대가 되면서 확실히 깨달은 게 있다.

건강이 곧 삶이라는 것.

젊을 때는 건강을 당연하게 여겼다.
하지만 40대가 되니까
당연했던 건강을 위해 많은 노력을 해야 한다.

건강이 모든 것의 기본이라는 걸 안다.
건강하지 않으면 일도 할 수 없고,
가족들과의 시간도 제대로 보낼 수 없고,
하고 싶은 일들도 할 수 없다.

이제는 몸이 보내는 신호를 무시하지 않으려고 한다.

피곤하면 쉬고,
아프면 병원에 가고,
스트레스를 받으면 해소할 방법을 찾는다.
예전처럼 무리하지 않는다.

'아직 젊으니까 괜찮아'라고 생각하던 시절은 지났다.
이제는 '나이가 들수록 더 조심해야 해'라고
생각한다.

하지만 이것이 꼭 부정적인 변화만은 아니다.

내 몸을 더 잘 알게 되고,
내가 무엇을 할 수 있고 무엇을 할 수 없는지
더 정확하게 파악할 수 있게 됐다.
무모한 도전보다는 현실적인 계획을 세우게 됐다.

40대의 건강 관리는 선택이 아니라 필수다.
40대의 자기개발은 다른 어떤 것보다
건강이 우선이라는 말이 있을 정도이니 말이다.

나이가 든다고 해서 모든 것을 포기할 필요는 없다.
몸의 리듬에 맞춰 예전과는 다른 방식으로 살아가면 된다.

건강을 챙기는 것은 결국 더 나은 삶을 위한 투자다.

앞으로 더 오래,
더 활기차게,
더 행복하게 살기 위해서.

5장.
거울 앞에 서서

나의 내면을 투영하는 거울은 얼굴인 것 같다.
나는 지금 어떤 얼굴을 하고 있을까.

예전 사진을 보면

가끔 옛날 사진을 정리하다 보면 깜짝 놀란다.

"내가 이렇게 어렸나?"

10대 때 사진을 보면 정말 애기 같다.
물론 정말 아이 같다는 의미는 아니지만
10대와 20대가 갖고 있는 싱그러운 느낌 말이다.

30대의 사진도 지금 보면 무척 젊어 보인다.

그때는 몰랐다.

그때의 내가 그렇게 에너지가 넘쳤는지.

사진 속의 나는 자신감에 차 있다.
뭔가 될 것 같은 기대감이 얼굴에서 보인다.
걱정이 있어도 어딘가 여유로워 보인다.
지금의 내 얼굴과 비교해 보면 확실히 다르다.

매일 출근 전 아침에 거울 앞에 서서 내 얼굴을 보면

어떻게 표현해야 할까.

젊었을 때 보였던 풋내 나지만 할 수 있다는
열정보다는, 지금의 나에겐 여유로움과 원숙함이 보인다.

다르게 표현해 본다면,
성숙함이 보이고,
다르게 말하면 세월의 흔적이 보인다.

거울에 비친 내 모습에는
내가 지나온 시간과 경험이 묻어 있다.

변화를 받아들이는 과정

외모의 변화가 단순히 나이 때문만은 아닌 것 같다.

살아온 경험,
그동안 겪은 일들,
그 과정에서 느낀 감정들이 모두 얼굴에 축적되는 것 같다.

웃을 때 생기는 주름,

고민할 때 생기는 표정,
화날 때 나타나는 모습들 모두가 시간이 지나면서
얼굴에 새겨진다.

그래서
나이가 들수록 사람마다 얼굴이 달라지는 것 같다.
40대가 되면 분위기뿐만 아니라 얼굴에 나타나는 표정에서도
각자의 개성이 더 뚜렷해진다.

어떤 사람은
여전히 밝고 에너지 넘치는 얼굴을 하고 있고,

어떤 사람은
피곤하고 지쳐 보이는 얼굴을 하고 있다.

어떤 사람은 온화하고 여유로워 보이지만,

어떤 사람은 날카롭고 차가워 보인다.

언젠가 모델 일을 하는 친구를 만났을 때,

그 친구는 나에게 이렇게 말했다.

"나 요새 나이 들어 가는 게 너무 얼굴에 보여.
촬영 배역도 예전에는
학생이나 사회 초년생 역할이 많았는데,
이제는 아이 엄마 또는 나이가 있는 역할도
많아지고 있어서 고민이야."

그 친구를 알게 된 세월이 벌써 10년이 넘었고,
내 눈에는 그 친구가 여전히 아름답고 이쁘게
보이지만, 본인이 느끼는 바는 다른 것 같다.
물론 처음 봤을 때가 20대였으니,
그 나이 때는 밝은 에너지가 주는 싱그러움과 함께
화장을 하지 않아도 방송에 나오는 아이돌 가수들처럼
그 젊음이 주는 아름다움이 있다.
실제로 봐도 무척 예쁜 친구이다.
그러나, 지금 이 친구의 모습을 보면
나는 보다 더 다채로운 아름다움의 느낌을 받는다.

물론 내가 아는 지인 중에
이 친구만큼 자기 관리를 철저하게 하는 사람도 없다.

항상 운동과 미용을 통해 본인의 외형을 가꾸며,
식단 조절도 병행하여 건강을 지킨다.
또, 바쁜 촬영 일정 속에서도 틈틈이 독서를 하며
내면의 아름다움도 채워 가는 사람이다.

이 친구의 고민을 들었을 때,
나는 이렇게 생각했다.
'쌓아 가고 있는 경험이
이제 이 사람의 색깔로 묻어나오고 있고,
그로 인해 오히려 예전에는 한정된 배역만 맡을 수 있었다면
지금은 더 다채로운 배역을 맡게 된 것 아닐까.'

그런 생각이 든다.
나이가 들어 간다는 것은
나의 색깔을 더욱 다채롭게 만들어 가는 것 같다.

아쉬움은 당연하다.

젊었을 때의 모습이 그리우니까.
그때로 돌아갈 수 없다는 현실이 아쉽다.

어쩔 수 없는 일이다.

누구나 나이가 들고, 누구나 변한다.
나만 특별한 건 아니니까.

젊었을 때는 어떻게 보이느냐가 중요했다.
멋있게 보이고 싶었고,
매력적으로 보이고 싶었다.
하지만 40대가 되니까
그런 부담에서 조금 자유로워진 기분이다.
물론 완전히 포기한 건 아니다.

여전히 관리는 하고 싶고, 깔끔하게 보이고 싶다.

20대 때의 아름다움이 주는 느낌이 눈부신 햇살 같다면,
40대 때의 아름다움이 주는 느낌은
석양이 질 때 다채로운 색을 펼치는 하늘과 구름의 색깔 같다.

40대가 되니 이제는
'내가 모르던 멋, 나의 모습'이 어떤 것인지 생각하게 된다.

나이답게 산다는 것

'나이답게 산다'는 말의 의미를
이제야 조금 알 것 같다.

예전에는 이 말이 체념의 의미로 들렸다.

'이제 포기하고 나이 든 사람처럼 살라'는
뜻인 줄 알았다.

하지만 지금 생각해 보니 그게 아니었다.

나이답게 산다는 건,
내 나이에 맞는 멋과 아름다움을 찾아 간다는 뜻인 것
같다.

20대의 아름다움과 40대의 아름다움은 다르다.

둘 다 나름의 가치가 있다.
40대의 아름다움은 무엇일까?

경험에서 우러나오는 여유로움,

세월이 만들어 낸 깊이, 시행착오를 겪으며 얻은 지혜.
이런 것들이 함께 어우러져 만들어 내는 매력이 있다.

물론 젊었을 때만큼 화려하지는 않을 수 있다.

하지만 다른 종류의 매력이 있다.

더 진정성 있고, 더 안정적이고, 더 편안하고,
더 완숙하고, 그리고 그 모든 것들이
어우러져 만들어 주는 매력이 있다.

거울 속의 미래

가끔 거울을 보면서 생각한다.

10년 후에는 어떤 모습일까? 20년 후에는?
그런 생각을 할 때는
조금 무서운 생각이 들기도 한다.
지금보다 더 나이가 들었을 때 외형적으로 내면적으로
혹시 추하거나 내가 싫어하는 모습은 아닐지 두렵다.

하지만 한편으로는 궁금하기도 하다.

앞으로 나는 어떤 경험을 하게 될까?
그 경험들이 내 얼굴에 어떤 흔적을 남길까?

중요한 건 그때도
거울 속의 나를 받아들일 수 있느냐는 것이다.

지금처럼 '이것도 나구나' 하고 받아들일 수 있을까?
아니면 더 많이 나이 든 내 모습에 슬퍼할까?

그건 앞으로
내가 어떻게 나의 삶을 바라보는가에 따라
다를 것 같다.
나의 미래는 걱정과 두려움으로 가득 차 있는가.
아니면 내가 지나온 시간들이
나를 어떻게 더 매력적으로 만들 것인가.

그런 의미에서 젊었을 때의 얼굴도 좋았지만,
지금의 나의 얼굴도 나쁘지 않은 것 같다.

다르지만 나쁘지 않다.

지금 나는 거울 앞에 서 본다.
그리고 미소를 지어 본다.

＃ 6장.
잠들기 전 생각하는 것들

40대의 밤은 많은 생각들이 떠오르는
완전히 어둡지도, 완전히 밝지도 않은 그런 밤이다.

하루를 되돌아보는 시간

밤 11시.

이불을 덮고 누웠지만 쉽게 잠들지 못한다.
몸은 피곤한데 머리 속 생각은 계속 돌아가고 있다.

20대 때는 베개에 머리만 닿으면 바로 잠들었는데,
언제부터 이렇게 잠드는 데 시간이 오래 걸리기
시작했을까.

하루 종일 바쁘게 살다가 침대에 누우면,
그제야 오늘 하루가 정리되기 시작한다.
그리고 자연스럽게 여러 가지 생각들이 밀려온다.

'오늘 하루는 어땠나?'

예전에는 하지 않았던 질문이다.

그때는 그냥 하루하루를 지나쳤는데,
이제는 하루를 정리하고 싶어진다.

'오늘 잘한 일은 뭐가 있을까?
아쉬웠던 건 뭐가 있을까?
내일은 뭘 해야 할까?'

가끔 별로 한 일이 없는 것 같은 날은 기분이 우울해진다.

하루 종일 바빴던 것 같은데,
막상 정리해 보면 의미 있는 일을 한 게 별로 없다.
회사에서 회의하고, 메일 답장하고, 보고서 쓰고…
가끔은 오늘 하루가 의미가 있었을까 하는 생각이 든다.

10년이 지나고 오늘을 기억할 수 있을까?
그냥 오늘의 이 시간을 낭비한 것은 아닐까?

반대로 어떤 날은 작은 일이라도
뭔가 보람 있는 일을 했다고 느껴질 때가 있다.

가족과 좋은 시간을 보낸 일,
긴급한 이슈를 동료와 함께 해결한 일,
바쁜 일과 중에도 읽고 싶었던 책을 조금 읽은 일.

시간이 빠르다는 실감

잠들기 전에 자주 드는 생각 중 또 하나가
시간이 정말 빠르다는 것이다.

'벌써 하루가 끝났네.'
'이번 주도 금요일이네.'
'올해도 벌써 몇 월이야?'

정말 이제는 하루가 금세 지나간다.
아침에 일어났는데 벌써 밤이다.

예전에 이런 말을 들은 적이 있다.
10대 때는 인생을 시속 10km로 달리고,
20대는 20km, 30대는 30km, 40대는 40km, 60대는 60km
정말 이 말처럼 나이가 들수록 많은 것을 겪지만,
시간이 흐르는 체감 속도는 나이가 들수록 빨라진다.

이런 식으로 시간이 계속 빨리 지나간다면,
남은 인생도 금세 지나갈 것 같다는 생각이 든다.
그러면 더 마음이 조급해진다.

'시간을 더 의미 있게 써야 하는데…'

하지만 구체적으로 어떻게 해야 할지는 막막하다.

미래에 대한 막연한 불안

결국 이러한 생각은 미래에 대한 불안으로 이어진다.

'앞으로 어떻게 살아야 할까?'

40대가 되니까 이 질문의 무게가 달라졌다.

20대 때는 가능성이 무한했고,
30대 때는 아직 시간이 있다고 생각했다.
하지만, 40대가 되니까 선택할 수 있는 시간이
생각보다 많지 않다는 걸 느낀다.

직장에서의 미래도 걱정된다.

지금 하는 일을 계속할 수 있을까?
10년 후에도 이 회사에 있을 수 있을까?

만약 회사를 그만두게 된다면
다른 곳에서 일할 수 있을까?

요즘은 변화가 너무 빠르다.
새로운 기술이 계속 나오고,
일하는 방식도 계속 바뀐다.
뒤처지지 않으려면 계속 배워야 하는데,
예전만큼 빨리 배우지 못하는 점도 걱정된다.

가족에 대한 걱정도 점점 늘어 간다.
부모님은 점점 연세가 드시고,
건강도 예전 같지 않으시다.
언젠가는 내가 더 많이 돌봐 드려야 할 때가 올 텐데,
나는 준비가 되어 있나?

이미 결혼하여 육아를 하고 있는 친구들을 보면서도
생각이 복잡해진다.

혼자 사는 것도 괜찮지만,
나이가 들수록 외로움을 느낄 때가 많아지는 것 같다.

후회와 아쉬움

또 반대로 어떨 때는
자연스럽게 과거의 일들이 떠오른다.

'그때 다른 선택을 했더라면 어땠을까?'

20대 때 더 용감했더라면,
30대 때 다른 길을 선택했더라면…
이런 생각들이 꼬리에 꼬리를 물고 이어진다.

물론 후회만 있는 건 아니다. 잘한 선택들도 있다.
하지만 왜인지
밤에는 아쉬운 일들이 더 많이 생각난다.

연락하지 못한 사람들도 떠오른다.
오랫동안 연락 안 한 친구,
고마운 마음을 전하지 못한 선배,
사과하지 못한 후배…
내일 연락해야겠다고 생각하지만,
막상 다음 날이 되면 또 미루게 된다.

왜 이렇게 용기가 없을까?
젊을 때는 그렇게 적극적이었는데.

감사한 것들을 떠올리기

부정적인 생각만 하다 보면 우울해지니까,
의식적으로 감사한 것들을 떠올려 본다.

오늘 하루 괜찮았던 일들,
고마웠던 사람들, 작은 행복이었던 순간들.

아침에 마신 커피가 맛있었던 것,
동료가 도움을 줬던 것,
집에 와서 따뜻한 밥을 먹을 수 있었던 것,
가족들이 건강한 것…

별거 아닌 것 같지만,
이런 것들이 사실은 당연하지
않다는 걸 안다.

언제든 잃을 수 있는 것들이다.

그런 생각을 하다 보면 마음이 조금 편해진다.
완벽하지 않아도, 부족해도,
지금 이 순간 나는
꽤 괜찮은 삶을 살고 있는 것 같다.

결국 잠이 드는 순간

이런저런 생각을 하다 보면 어느새 잠이 든다.

생각이 정리되면서 마음도 조금씩 편해진다.

오늘 하루의 무게를 내려놓고,
내일을 위해 몸과 마음을 쉬게 한다.

꿈에서는 어떤 이야기를 꾸게 될까?
과거의 기억이 나올까, 미래의 소망이 나올까?

아침이 되면 또 새로운 하루가 시작될 것이다.
그리고 밤이 되면 또 이런 생각들을 하게 될 것이다.

그것이 40대의 밤인 것 같다.

완전히 어둡지도, 완전히 밝지도 않은, 그런 밤.

PART 3.

관계의 변화와 깊이

7장.
변하는 관계, 변하지 않는 정

사람들은 당신을 잊을 수 있지만,
당신이 그들에게 준 감정은 잊지 못한다.
- 마야 안젤루(Maya Angelou) -

40대의 친구 관계

20대에는 친구가 곧 삶의 중심이었다.
같은 수업을 듣고,
같은 고민을 나누며,
돈이 없어도 시간만 있으면
무엇이든 어디든 함께 할 수 있었다.

30대가 되면
각자의 인생이 바빠지면서 연락이 뜸해지지만,
그래도 틈틈이 만나며 시간을 보냈다.

그런데 40대가 되니 친구 관계가 더 달라졌다.

이제는 만남을 잡는 것조차 쉽지 않다.

"한 번 보자"는 하나의 인사가 되어 버렸고,
약속을 잡아도
"그때 가서 상황을 보자"라는 말이 따라붙는다.
주말은 가족과 보내야 하고,
평일 저녁은 일이 끝나면
피곤해서 나가기가 쉽지 않다.

예전에는 하루 종일 함께 있어도 부족했지만,
이제는 두세 시간 이야기 나누는 것만으로도
충분하다.

우리는 여전히 친구지만,
예전처럼 가까이 있지는 않다.

물리적 거리와 마음의 거리

어떤 친구는 오랜만에 연락을 하면
"왜 이제야 연락했냐"고 서운해한다.
또 다른 친구는
"별일 없냐?"라는 말을 한 후 가벼운 농담을 주고받는다.
둘의 표현은 다르지만, 왠지 느껴지는 마음은 비슷하다.

오랜만에 연락이 닿아도 어제 본 것처럼
반가운 친구가 있다.
서로 바빠서 자주 보지는 못해도,
여전히 마음이 통하는 친구들이 있다.

물론 친구들과의 우정이라는 관계가

물리적인 거리나 만나는 횟수로만
결정되는 건 아니라는 걸 안다.

어느 날 대학교 1학년 때 만난 친구와 함께한 시간이
이제 인생의 반이 되었다는 걸 깨달았다.

스무 살에 처음 만나
마흔 살이 된 지금까지 함께하고 있는 친구,
이제는 가족과도 같은 존재가 된 것이다.

대학 시절, 시험 기간에 함께 밤새 도서관에서
공부했던 기억,
첫 직장을 구하려고 면접을 준비하며
서로 응원했던 시간들이 떠오른다.

20대 때는 미래를 꿈꾸며 함께 여행도 가고
밤새 이야기를 나누었던 친구다.

서로 꿈을 이루자며 열정적으로 살았던
그때가 엊그제 같은데,
어느새 그 친구는 두 아이의 아빠가 되어 있다.

"너나 나나 벌써 20년을 넘게 봤네."

가볍게 던진 말이지만,
그 속에는 세월의 무게가 담겨 있다.
서로의 인생을 지켜봐 온 시간.
이제는 자주 만나지 않아도,
연락이 뜸해도,
우리는 서로의 인생 속에서 없어서는
안 될 존재가 되었다.

굳이 자주 만나지 않아도,
어려운 일이 생기면
가장 먼저 생각나는 친구가 있다는 것만으로
서로에게 충분하다.

직장 친구, 회사라는 공간에서 만난 사람들

40대가 되면 회사에서 많은 사람을 만난다.

후배도 많아지고,
조직에서 여러 역할을 맡게 되면서

새로운 관계가 계속 생긴다.

하루에 8시간 이상을 함께 보내는 직장 동료들,
가끔은 가족보다 더 자주 보고,
더 오랜 시간을 함께하는 사람들이다.

하지만 회사에서의 관계는
단순히 친밀한 듯 보여도 쉽게 깨질 수도 있다.
업무적으로 이해관계가 얽혀 있다 보니,
때때로 경쟁자가 되기도 하고,
의견이 충돌하면 미묘한 감정이 쌓이기도 한다.
때문에, 직장 친구는 사적인 친구와는 조금 다르다.
업무를 함께 하면서 친해질 수도 있지만,
이해관계가 얽혀 있는 관계에서는
조심해야 할 것도 많다.

그렇다고 해서
직장 친구가 단순한 비즈니스 관계만은 아니다.

가끔은 사무실에서 쌓인
스트레스를 나눌 수 있는 동료가 큰 위로가 되기도 한다.

함께 점심을 먹으며 가볍게 농담을 주고받고,
회식 자리에서 진솔한 이야기를 나누다 보면,
어느새 회사 밖에서도 연락을 주고받는
친구들이 생긴다.

하지만 이 관계가 어디까지 이어질지는
아무도 모른다.

회사가 달라지게 되면 자연스럽게 멀어지고,
일로 인해 불편한 감정이 생길 수도 있다.

그러나, 40대가 되면서 회사에서 만난 동료 중
몇 명은 진짜 친구가 된다.
업무적인 관계를 넘어 서로의 고민을 나누고,
회사 밖에서도 만날 수 있는 친구가 생긴다면
그건 또 다른 의미의 우정이다.

지금은 같은 회사를 다니다 퇴사를 하였지만
여전히 연락하며 만나는 친구들이 있다.

비록 서로를 처음 만난 곳은 회사였지만,

서로의 인간적인 면을 먼저 봤기 때문에
지금까지도 이어지는 인연이다.

그런 관계의 사람들을 만날 수 있다는 건
정말 운이 좋은 일이며,
감사하게도 나는 그런 사람들을 만났다.

퇴근 후 한잔의 의미

퇴근 후 동료와 한잔하면서 나누는 이야기는
대부분 '일 또는 삶'에 대한 이야기다.
직장에서 겪는 스트레스,
가정에서의 고민,
그리고 앞으로 어떻게 살아가야 할지에 대한
불확실성.

20대와 30대 때는 대화의 중심이
꿈과 목표, 그리고 이성에 대한 것들이었다면,
40대가 되면서부터는 현실적인 문제들이
화두가 된다.

아이들의 교육비, 부모님의 건강,
지금하고 있는 일과 이직에 대한 고민 등,
누구나 가지고 있지만
쉽게 꺼내지 못하는 이야기들이
술잔을 기울이면서 하나씩 흘러나온다.

어느 날 퇴근 후,
오랜만에 저녁을 함께하기로 한 직장 동료와
작고 오래된 술집에 앉았다.
우리는 회사에서 선후배로 처음 만난 후,
가끔 단체 술자리에서 봤지만,
이제는 점점 더 많은 것을 나누는 사이가 되었다.

직장이라는 울타리 안에서 만나기는 했지만,
이제는 그보다 훨씬 깊은 이야기를 나눌 수 있는
사이가 되었다.

"요즘은 참 힘들다."라는 말과 함께 소주 한잔을 들이켰다.

그럴 때면 우리는 서로의 고민을
들어 주고, 조언을 건네거나 그냥 묵묵히 공감해 주며
함께 버틸 수 있는 힘을 나눈다.

친구라는 이름의 선물

40대가 되면서 친구 관계에도 여유가 생겼다.

예전에는 친구들과 만나면
뭔가 특별한 일을 함께 해야 한다고 생각했다.
재미있는 곳에 가거나, 새로운 경험을 하거나,
그래야 의미 있는 만남이라고 생각했다.

하지만 이제는 그냥 편안하게 앉아서
차 한 잔 마시며 이야기 나누는 것만으로도 충분하다.
특별할 건 없어도, 함께 있는 시간 자체가 소중하다.

친구들과 관계에서도 완벽함을 추구하지 않게 됐다.

서로 부족한 부분이 있어도 괜찮고,
자주 연락하지 못해도 괜찮고,
때로는 의견이 다를 수도 있다.

그런 것들을 모두 인정하고 받아들일 수 있게 된 것
같다. 오히려 그런 여유 때문에 더 진실한 관계를

만들 수 있게 된 것 같다.

40대가 되어 돌아보니,
친구들은 내 인생의 소중한 선물이었다.

함께 웃고, 함께 울고, 함께 고민했던 시간들.
그 시간들이 없었다면 지금의 내가 있을 수 있었을까.

이제는 매일 만나지 않아도,
자주 연락하지 않아도 괜찮다.

중요한 것은 마음속에서 그 친구들을 여전히 소중하게
생각하는가인 것 같다.

40대의 친구는 20대처럼 자주 만나지는 않지만,
여전히 우리의 삶 속에서 중요한 존재다.

오랜만에 연락을 해도 어제 본 것처럼 반갑고,
함께하는 시간이 짧아도 진심을 나눌 수 있는
친구라면, 그것만으로 충분하다.

그리고 문득 생각한다.

우리가 처음 만나 친구가 되었을 때,
이렇게 오랜 시간을 함께할 줄 알았을까?

'앞으로도 얼마나 더 오래 볼 수 있을지 모르지만,
적어도 지금까지 함께한 시간보다는
앞으로의 더 많은 시간을 함께할 수 있지 않을까?'
라는 생각을 오늘도 친구와 한잔 기울이며
혼자 떠올려 본다.

8장.
슈퍼맨이라는 이름의 무게

이제는 안다.
그분들도 고민이 있었고,
한숨이 있었고, 때론 삶이 버거운 날들이 있었다는 걸.

'아버지, 어머니'라는 이름이 낯설게 들리던 시절

어렸을 때
나는 부모님이 뭐든지 해낼 수 있는 존재라고 믿었다.
망가진 장난감도 고쳐 주고,
두려운 순간에는 안아 주고,
세상의 이치를 다 아는 것처럼 보였다.

그 시절 우리에게는
아버지는 '슈퍼맨'이었고
어머니는 '원더우먼'이었다.

우리를 지켜 주는 존재이자,
힘들 때면 조용히 안아 주셨던 부모님.

그런데 나이가 들고, 어른이 되어
비슷한 나이대에 접어들면서 깨닫게 된다.

그토록 무적인 줄 알았던
아버지와 어머니에게도 고민이 있었고,
한숨이 있었으며,

때론 삶이 버거운 날들이 있었다는 걸.

우리가 보지 못했던 순간들에,
부모님은 그저 자신들의 역할을
묵묵히 수행하고 있었을 뿐이라는 걸.

스스로가 어른이 되었다고 느끼는 순간은
생각보다 자주 오지 않는다.

나이가 들어도,
사회에서 어느 정도 자리를 잡아도,
나는 어딘가 부족하고,
아직도 어른답지 못한 모습이 불쑥불쑥 튀어나온다.

그러다 문득 이런 생각을 한다.

우리 부모님이 나의 나이였을 때를 떠올리면,
그들은 이미 어른 중의 어른이었는데,
나는 왜 이토록 서툴고 흔들리고 있는 걸까.

부모님의 역할을 당연한 듯
그 모습을 철없이 받아들이던 시절이 있었다.

어떤 상황에서도 강하고,
단단하고, 흔들림 없는 모습.

하지만 그건 내 시선에서 본 부모님일 뿐,
정작 그분들도 혼자 울고, 고민하고,
어쩌면 나보다도 더 불안한 시기를
견디고 있었을지도 모른다.

부모라는 이름의 무게를 견디면서 말이다.

나는 아직 아이가 없다.

그래서 '부모'라는 단어는
내게 여전히 무게감이 느껴지는 단어다.

하지만 문득 생각해 본다.

만약 내가 부모가 된다면,
나의 아이는 나를 어떻게 바라볼까.
지금의 이 모습 그대로를 보고 있을까.
아니면, 내가 그러했듯 부모님은 모든 걸 해낼 수 있는 사람이라고 생각하면서 나를 바라보게 될까.

그 시선은 과연 나를 더 단단하게 만들까,
아니면 더 무겁게 만들까.

미국의 싱어송라이터 샤샤 슬론(Sasha Alex Sloan)의
노래 중 'Older'에는 이런 가사가 있다.

"The older I get the more that I see
My parents aren't heroes, they're just like me
And loving is hard, it don't always work
You just try your best not to get hurt…"

"나이가 들수록 점점 더 알게 돼요
내 부모님은 영웅이 아니라,
그냥 나와 같은 사람들이란 걸
사랑은 어렵고, 항상 잘 되는 건 아니에요
다만 상처받지 않으려고 최선을 다할 뿐이죠…"

이 노래를 들을 때마다 항상 생각한다.

나이가 들수록,

부모님도 나와 같은 사람이었구나,
실수하고, 고민하고, 상처 입으며 살아온
사람이었구나.

그리고 나도 이제 그와 같은 사람이 되어 가고 있구나.

여전히 나는 작은 나무

어느 날 유튜브에서 한 영상을 우연히 본 적이 있다.

해외 유튜버들이 한국 방송을 보며 한 리액션을 편집해서 보여 주는 영상이었는데, 가수 김진호님이 부른 '가족사진'이라는 노래가 나왔다.

그 영상을 보면서 놀랐던 것은
한국어로 된 가사이기에 리액터들은
영어로 번역된 자막을 보면서 노래를 들어야 함에도,
모두 같은 감정을 느끼고 있었다.

한국어를 영어로 번역하게 되면,
한국어가 가지고 있는 어감을 그대로 번역하지 못하는
경우가 많음에도 불구하고,

그들은 그 노래가 전달하는 메시지를 느끼고 있었다.

'가족사진' 노래에는 이런 가사가 있다.

"나를 꽃피우기 위해 거름이 되어 버렸던
그을린 그 시간들을 내가 깨끗이 모아서
당신의 웃음꽃 피우길"

부모님은
그들의 젊음을 바쳐 자식의 거름이 되고
자식들이 뿌리 깊은 나무가 되길 바라며,
흔들려도 쓰러지지 않도록 늘 우리를 받쳐 주신다.

그런데 그런 부모님의 나이가 된
나는 과연 흔들림 없이 단단한 존재가 되었을까?

나는 지금도 부모님 앞에서는 여전히 철부지이고,
고민을 털어놓는 자식이다.

큰 나무로 자랄 줄 알았던 나는,
사실 아직도 부모님 그늘 아래 자라고 있는

작은 나무일지도 모르겠다.

그렇다면, 나의 아이가 보는 나의 모습은 어떨까.

그 아이는 아마도 내가 세상의 중심처럼 보일 것이다.

그 작고 반짝이는 눈동자 안에 담긴 나는
세상의 전부일 테고,
아무리 힘겨운 날도
그 아이에겐 슈퍼맨으로 남아야 할 것이다.

두 아이의 부모가 된 친구와 술 한잔 할 때,
그 친구는 이렇게 말을 했다.

"부모가 되어 간다는 건,
단지 아이를 갖는 것을 넘어서,
누군가의 세계가 되어 주는 일인 것 같아."

완벽하지 않아도, 실수해도, 흔들려도 괜찮다.

중요한 건 최선을 다해 누군가를 안아 주는 것,
그리고 그 안아 줌 속에서

내가 조금씩 단단해지는 것이다.

우리는 모두 자라면서 어른이 되지만,
어떤 순간에는 여전히 아이일 때가 있다.
그런 우리가 누군가의 등을 토닥여 주는 순간,
우리는 다시 누군가에게 따뜻한 어른이 된다.

그리고 언젠가는 누군가의 우주가 된다.
그것이 삶의 순환이며,
사랑의 또 다른 이름일지도 모른다.

어렸을 때 우리는
부모님이 뭐든지 해낼 수 있는 존재라고 믿었다.

그런데 나이를 먹고 어른이 되고,
비슷한 나이대에 접어들면서 깨닫게 된다.

그토록 무적인 줄 알았던
아버지와 어머니에게도 고민이 있었고,
한숨이 있었고,
때론 삶이 버거운 날들이 있었다는 걸.

그리고,

이제 40대가 된 내가 걸어가야 할 길이라는 걸.

9장.
끌어올림과 끌어내림

누군가를 끌어올리는 것은 너무 어렵지만,
끌어내리는 것은 너무 쉽다.

나는 누구를 끌어올리고 있나

언제였는지는 정확히 기억이 나지 않지만,
우연히 본 짧은 영상 하나가
오랫동안 머릿속에 남아 떠나지 않았다.

아버지와 어린 딸이 등장하는 영상이었다.
영상 속 아버지는 딸에게 의자 위에 올라서라고 한다.
그리고 자신의 손을 잡고
자신을 의자 위로 끌어올려 보라고 말한다.
딸은 안간힘을 써 보지만
도저히 아버지를 끌어올릴 수 없다.

이윽고 아버지가 딸의 손을 잡아당기자,
딸은 순식간에 의자 밑으로 끌려 내려온다.
그리고 아버지는 딸에게 말한다.

"명심해라. 누군가를 끌어올리는 건 매우 어렵다.
하지만 끌어내리는 건 너무나도 쉽단다."
영상을 본 직후엔 그 충격은 며칠이 지나도
머릿속에서 사라지지 않았다.

어릴 적 부모님에게 듣던 삶의 지혜와도 닮았고,
회사에서 선배로서 후배들과 일할 때 느끼는 복잡한
감정과도 맞닿아 있었다.

그리고 무엇보다도,
40대라는 시점에 선 지금의 내 삶과 이 말은
너무도 깊게 닿아 있었다.

'나는 누군가를 끌어올리고 있었나.'

우리는 언제 어느 곳이든
끌어올려지기를 바란다.

좋은 직장, 좋은 기회, 좋은 사람들,
모두가 나를 알아봐 주기를,
나를 이끌어 주기를 원한다.
때론 운 좋게 그런 손을 만나는 사람도 있고,
그렇지 않은 사람도 있다.

그러나 30대를 지나 40대가 되면,
여전히 누군가 나를 끌어올려 주기를 바라지만,
동시에 이제는 내가 누군가를 끌어올려 주는 자리에

서게 된다.

후배가 고민을 털어놓으면 조언을 해 주고,
가족이 흔들릴 때 버팀목이 되어야 하며,
회사에선 실무가 아니라 방향을 제시하는 역할을
요구받는다.

그런데 문득 돌아보면,
과연 나는 얼마나 누군가를 끌어올릴 수 있었나 싶다.
좋은 의도로 시작한 말이
오히려 상대를 위축시키진 않았는지,
격려하려는 행동이 부담이 되진 않았는지
자꾸 되짚게 된다.
이 나이가 되어 보니,
말의 무게가 다르다는 걸 절실히 느낀다.

내가 던진 농담 한마디가
누군가에겐 '끌어내리는 말'이 될 수도 있고,
조언이라고 생각했던 말이
누군가에겐 상처가 될 수도 있다.

너무 쉬운 끌어내림, 너무 어려운 끌어올림

영상을 본 후로,
회사에서 회의를 할 때나 대화를 할 때도
의식적으로 이런 생각을 하게 됐다.

지금 내가 하고 있는 피드백이 정말 이 사람을
더 나은 방향으로 끌어올릴 수 있을까?

혹은 내 말 한마디에
이 사람이 자존감을 잃진 않을까?

그런데, 세상을 살다 보면
너무 자주 '끌어내리는 일'이 벌어진다.
우리는 너무 쉽게 누군가를 평가한다.
직장 내 사소한 뒷담화,
가족끼리의 무심한 말투,
친구, 동료 사이의 비교와 경쟁.
그 모든 것들이 누군가를 조용히,
그러나 확실히 끌어내린다.
때론 그게 내가 될 수도 있다.

애니메이션으로 유명한 픽사(Pixar)에는
피드백 문화가 있다고 한다.
이 피드백 문화는 단순히 상대의 잘못을 지적하는 것이 아닌
더 나은 방향으로 발전할 수 있도록 의견을 교환하는
과정이라고 한다.
때문에 외부의 수많은 상을 수상한 유명한 디렉터와
애니메이터들도 신입사원에게 의견을 구하고
상대가 해 주는 피드백을 경청한다고 한다.
그 과정을 통해 스스로를 끌어올리기 위해서이다.

반면 우리는 이러한 피드백에 대해 어색해하고
인색해하는 것 같다.
오히려 상대 앞에서는 말을 하지 못하고
그 사람이 없을 때 주변에 그 사람의 잘못과 흠을 말하며
평가를 하는 사람들이 있다.

누군가의 실수를 지적하는 것은 쉽지만,
그를 더 나은 방향으로 이끌어 주기 위해
시간과 노력을 투자하는 건 쉽지 않다.

사람을 끌어올리는 일은

단지 손을 내미는 것이 아니라,
그 사람의 무게를 함께 감당하는 일이라는 것을.

거기엔 진심이 필요하고, 인내가 필요하다.
그리고 무엇보다도, 상대를 향한 신뢰가 있어야 한다.

그래서일까.

누군가를 끌어내리는 것은 너무 쉽고,
누군가를 끌어올리는 것은 너무 어렵다.

40대, 모두 끌어올려지고 싶어 한다

40대가 되면 모두가 다 어른처럼 보이지만,
실상은 그렇지 않다.

나이만 들었을 뿐,
여전히 불안하고, 여전히 외롭고,
여전히 누군가에게 위로받고 싶은 순간이 많다.
누군가가 나를 있는 그대로 인정해 주고,
내 어깨를 다독여 주면

그게 그렇게 큰 위안이 될 수 없다.
그런 경험이 있었기에, 더 조심스러워진다.

내가 했던 말이나 행동이
누군가의 어깨를 짓누르지는 않았을까.
그저 격려한다고 한 말이,
상대에게는 "넌 아직 부족해"라는 의미로
들리지 않았을까.

40대의 삶은 매일 그 고민의 연속이다.
이끌어야 하는 입장이지만,
동시에 나도 여전히 배우고, 실수하고,
흔들리는 존재라는 것.

그래서
누군가를 끌어올릴 때,
이제는 조심스럽게 손을 내민다.
마치 영상 속 아버지가 딸을 향해 손을 내밀듯이.

누군가를 끌어올린다는 건 쉬운 일이 아니다.

그리고 무엇보다,

내가 먼저 스스로 서 있을 수 있어야 한다.
내가 휘청거리면 내 손을 잡은 이도 함께 무너진다.

이제는 안다.

끌어올림은
단순히 누군가의 단순히 사회적 성공과
지위의 상승을 뜻하지는 않는다.
끌어올리는 삶은,
단지 타인을 위한 것이 아니라
나 자신을 위한 길이기도 하다

남을 배려하고 인정하고 격려하는 삶이
결국 내 삶을 더 단단하게 만든다는 것을.

그래서 다시 다짐하게 된다.
누군가를 향해 손을 내밀 때,
가볍게 잡지 않겠다고.

위로 올리려면 그 무게만큼 진심을 담아야 한다고.

그 사람의 삶의 무게를 온전히 버틸 수 있도록

상대를 진심으로 대하고 이해해야 한다.

그래야 나도 그 사람의 손을 붙잡고 무너지지 않게
버텨 줄 수 있을 것이다.

그리고 그 손을 통해,
나도 다시 일어설 수 있을 것이다.

문득, 회사에 처음 입사했을 때
한 선배가 했던 말이 떠오른다.

"내가 너를 잘되게 도와주는 건 어려울지 몰라도,
너의 앞길을 막는 건 정말 쉬운 일이다."

그 말의 의미가 처음에 언급했던 영상과 겹쳐지며
질문하게 된다.

'지금의 나는, 그리고 당신은,
누군가를 끌어올리는 사람인가?
아니면 끌어내리는 사람인가?'

PART 4.

달라지는 삶의 방식

10장.
40대와 술, 나이와 함께 변하는 취향

술, 추억으로의 회귀,
그리고 에이징(Aging)을 통한 깊어짐

술과 함께한 시간들

술은 단순한 음료가 아니다.
삶의 순간을 기록하는 매개체이며,
사람과 사람을 연결하는 도구다.

마치 와인이 숙성되듯,
우리도 나이에 따라 술을 대하는 태도가 변해 간다.

젊을 때는 술을 통해 해방감과 자유를 느꼈다면,
시간이 흐를수록 술은 대화의 촉매제가 되고,
삶을 곱씹게 하는 매개체로 변화한다.

위의 글을 보며 느낀 사람도 있을 것 같다.

그렇다.
나는 술을 좋아한다.

단순히 마시는 것만이 아니라,
술이 가진 문화와 역사,
그리고 그 속에 담긴 시간의 흔적도 좋아한다.

20대에는 술을 마시며 열정을 불태웠고,
30대에는 취향을 찾기 시작했다.
40대가 되니 술은 그 자체로 이야기가 되고,
사람과 순간을 기억하는 도구가 되었다.

그리고 앞으로
다가올 50대, 60대에는
또 어떤 의미로 다가올지 궁금하다.

20대 때의 술은 빠르고 격렬했다.
친구들과 밤새도록 마시며 젊음을 불태웠고,
소주 한 병이면 세상 모든 고민을 논할 수 있을 것
같았다.

술자리는 끝날 줄 몰랐고,
다음 날 아침이면 머리가 깨질 듯 아팠지만,
그래도 또다시 술자리에 갔다.

술이란 그런 것이었다.

자리에 함께하는 것만으로도 친구가 되고,

잔을 부딪치는 순간 모든 서먹함이 사라졌다.

30대가 되니 술을 마시는 방식이 조금씩 변했다.

마시고 쓰러지는 것이 아니라,
어떤 술이 맛있는지 고민하기 시작했다.

편의점에서
가장 저렴한 맥주를 집어 들던 시절은 지나고,
크래프트 맥주를 마셔 보기도 하고,
와인을 마시면서 레이블을 유심히 살펴보기도 했다.

술이 단순한 도구가 아니라,
취향을 반영하는 매개체가 되었다.

같은 술을 마셔도
어떤 안주와 함께 먹는가에 따라
맛이 달라지는 것을 알게 되었고,
싱글 몰트 위스키의 향과 깊이에 매료되기도 했다.

40대가 되면서 술의 의미는 더욱 달라졌다.

술은 사람을 기억하는 매개체가 되었다.

예전처럼 마냥 즐겁게 마시는 것이 아니라,
한 잔 한 잔이 대화와 추억을
곱씹게 하는 역할을 했다.

오래된 친구와 오랜만에 만나 술잔을 기울이면,
그 술은 단순한 음료가 아니라,
지나온 세월을 함께한 또 하나의 친구로
그 자리를 함께한다.

시간이 주는 멋과 맛

여행지에서 우연히 들어간 레스토랑에서
와인을 주문해서 먹어 본 적이 있다.

그때 나는 와인을 잘 몰랐기 때문에,
직원에게 추천을 부탁하였고,
직원은 흥미로운 와인을 소개해 주었다.

같은 와이너리에서 동일한 품종의 포도로

만든 와인이지만, 각 다른 연수로 숙성한 후
병마다 서로 다른 연령대의 얼굴의 사진을 붙여
판매하는 와인이었다.

각 병마다 테이스팅을 해 보니,
청년의 사진이 붙은 와인은
가볍고 경쾌한 맛을 가지고 있었고,

중년의 사진이 붙은 와인은
더욱 깊고 풍부한 풍미를 지니고 있었다.
그리고 노년의 사진이 붙은 와인은
묵직하면서도 부드러운 여운을 남겼다.

같은 와이너리에서 같은 포도로 만들어진 와인도
숙성시키는 년도에 따라 맛이 다르고
시간이 흐를수록
점점 더 깊고 풍부한 맛을 찾게 된다.

마치 와인이 숙성되듯,
사람도 경험을 통해 더 깊어지고, 더 원숙해진다.

동일한 품종의 포도도 지역과 년도,

그리고 숙성하는 방법에 따라 맛이 달라지는데,
품종마저 다르면 그 맛의 다양성은 얼마나 다채롭겠는가.

그렇게 보면
술의 다채로움과
술이 깊어지는 시간은
우리 모습과 참 닮아 있는 것 같다.

와인과 위스키를 숙성시킬 때
에이징(Aging)이라는 단어를 사용한다.

그런데, 사람에게 에이징(Aging)은
'노화'라는 의미로도 사용되기도 한다.

원숙해지고 그 맛이 더 깊어지는 에이징,
노화로서의 의미인 에이징,

뜻은 유사하지만, 두 의미를 들었을 때 느낌은 다르다.

그런 의미에서
당신에게 에이징(Aging)은 어떤 의미인가?

11장.
40대와 노래, 같은 곡 다른 느낌

오래전에 듣던 노래를 우연히 들었을 때
예전에는 알지 못했던 감정을 새롭게 느끼게 된다.

오래된 노래

나는 음악을 좋아한다.

전문적으로 음악을 한 적은 없지만,
20대 때는 직장인 취미 밴드를 하면서
드럼과 보컬로서 공연을 하기도 했고,
좋아하는 가수의 공연을 보기 위해
해외 공연장을 찾아다닌 적도 있다.

락, 재즈, 팝, 포크 등 장르를 가리지 않고
다양한 음악을 들었고,
나에게 음악이란 단순한 유행을 따라가는 것이 아니라
내 삶의 배경 음악 같은 것이었다.

학생때는 좋아하는 가수의 음악을
CD로 주문하거나 MP3로 다운 받아서
등교하는 버스 안이나 도서관 등 어디서든 들었다.

그렇게 음악을 듣고 있으면
마법처럼 나에게 익숙한 이 공간이
다르게 느껴지게 되는 그 느낌을

나는 좋아했다.

그런데 어느 날,
회사 후배들과 함께 간 노래방에서
예상치 못한 일을 마주하게 됐다.

한참 어린 후배인데,
내가 좋아했던 아주 익숙한 멜로디의 노래를 불렀다.

순간적으로 시간을 거슬러 올라간 듯한
기분이 들었다.

그 노래는 내 청춘의 한 부분이었다.

그 청춘을 함께한 그 노래를 나 아닌 다른 누군가가
부르고 있었다.

노래를 통해 소환된 기억들

음악이란 게 그렇다.

어떤 노래를 들으면
특정한 순간이 떠오르고,
한동안 잊고 있던 감정들이 다시 되살아난다.

20대 때 이 노래를 처음 들었을 때
나는 사랑에 빠진 사람이었다.

누군가를 좋아하고,
그 사람을 떠올리며 이 노래를 들었고,
가사가 내 마음을 그대로 옮겨 놓은 것처럼 느껴졌다.

때론 술에 취해
친구들과 노래방에서 이 곡을 부르며
마음속 응어리를 풀어내기도 했다.

그때는 가사 하나하나가
마치 내 이야기처럼 와닿았고,
그렇게 우리는 노래를 통해 감정을 나누었다.

그런데 지금,
40대가 되어 다시 이 노래를 듣고 보니,
그 시절의 감정이 아닌

다른 무엇인가가 마음속에 차올랐다.

이제는 사랑과 이별이
전부가 아니라는 걸 알게 되었다.

그때는 가사 속에 나오는 슬픔과 아픔이
매우 커다랗게 느껴졌지만,
지금 들으면 그것도 지나온 삶의 한 조각일 뿐이었다.

청춘의 감성으로 불렀던 노래가
이제는 묵직한 회상의 한 페이지로 다가왔다.

어떻게 보면
음악은 시간을 거슬러 올라가게 하는 통로 같다.
어떤 노래를 들으면 특정한 순간이 떠오르고,
그 노래 한 곡이
그 시절의 공기, 냄새, 풍경까지 소환해 준다.

20대 때 듣던 노래가
이제는 추억을 되살리는 장치가 되고,
그 시절의 고민과 감정을 다시금 마주하게 만든다.

친구들과 함께 노래방에서 불렀던 순간,
공연 무대에서 떨리는 손으로 마이크를 잡았던 기억,
밤새도록 이어지던 대화 속에서
자연스럽게 이 노래를 흥얼거리던 순간들.
그때 느꼈던 감정들을 다시금 느끼게 해 준다.

하지만 어떤 때는 노래를 듣고 싶지 않을 때도 있다.

너무 선명하게 기억이 되살아나서,
오히려 그 감정에 젖어 들기가 겁이 나기도 한다.

그때 나의 모습을 떠올리면서
후회되는 나의 모습과 감정도 함께 느낀다.

하지만 또 어떤 날에는 그 노래가
위로가 되어 주기도 한다.

마치 '그 시절을 지나온'
나 자신을 다독이는 것처럼.

40대가 되어 다시 만난 노래

20대 때는 노래가 감정을 대변해 주는 존재였다.

가사 하나하나가 내 이야기가 될 수 있었고,
그 가사를 통해 위로를 받기도 했다.

하지만 40대가 되면서 노래를 듣는 방식이 달라졌다.

어느 순간부터 음악을 들을 때마다
'그때 나는 어땠지?'라는 질문이 따라왔다.

예전에는 특정한 가사에 감정을 이입하며
지금의 감정과 연결했지만,

이제는 그 시절의 내가 떠오르고,
'그때 나는 이 노래를 이렇게 해석했는데,
지금은 다르게 다가오네' 하는 생각이 든다.

한때는 단순한 연애 이야기처럼 들렸던 가사가
이제는 인생을 관통하는 이야기처럼 느껴졌다.

'사랑과 이별'을 노래하는 것 같았던 가사가
지금은 '만남과 이별, 그리고 그 이후의 삶'에 대한
이야기처럼 다가왔다.

나이가 들면서,
이별이 단순히 사랑하는 사람과의 헤어짐이 아니라,
함께 지나온 시간들과의 작별,
혹은 예전의 나 자신과의 이별이라는 것을
이제는 알게 되었다.

음악은 언제나 같은 자리에서 흐르고 있지만,
음악을 듣는 우리는 끊임없이 변화한다.

같은 노래를 반복해서 들을 때조차도,
우리는 이전과는 다른 감정으로
그 노래를 받아들이곤 한다.

그 이유는 간단하다.
노래는 변하지 않지만,
노래를 듣는 우리의 삶이 변하기 때문이다.

가사는 그대로이고 멜로디도 여전하지만,

그때는 몰랐던 감정이 새롭게 떠오르고,
이전에는 공감하지 못했던 구절들이
이제는 더 깊이 와닿는다.

예전에 우연히 최백호 님이
"낭만에 대하여"라는 노래를 부르는 영상을 본 적이 있다.

어느 곳인지 모를 바닷가 야외 포장마차에서
소주 한 병을 테이블 위에 올려놓고
기타 반주에 맞춰 부르는 최백호 님의 노래는
예전에 들었던 그 노래와 달랐다.

"궂은비 내리는 날~"
이라고 시작하는 인트로에 전율을 느꼈다.
그리고 부르시는 가사 한 마디 한 마디에서
그냥 노래가 아닌
삶을 먼저 살아간 선배님이
후배와 술 한잔 하는 자리에서
소주 한 잔을 따라 주면서 해 주시는 말씀 같이

그분이 살아온 이야기를 듣는 것 같다는 느낌을
받았다.

노래와 가사는 그대로인데,
40대가 되어 이 노래를 다시 들으니
노랫말 한 구절 한 구절이 마음에 퍼졌다.

40대가 되어 듣는 노래는

그 노래를 처음 들었던 순간으로
나를 데리고 가기도 하지만,
나의 지나온 삶과 합쳐져
새로운 노래처럼 내 마음 안에서 울린다.

12장.
40대의 여행, 젊은 날의 여행과는
다른 길 위에서

예전에는 여행을 통해
더 많은 것을 경험하고자 했다면,
이제는 하나를 깊이 있게 경험하는 것이 중요해진다.

40대의 여행, 달라진 여행

여행은 언제나 설레는 단어다.

하지만 40대가 되면
여행의 의미가 20대, 30대 때와 달라지는 것 같다.

20대의 여행이 자유와 모험을 찾아가는 과정이었다면,
30대의 여행은 여전히 도전을 추구하면서도
현실적인 제약에서 벗어나고 싶어한다.

그리고 40대에 접어든 여행은
단순한 일탈이 아니라 삶을 되돌아보는 계기가 된다.

지금까지 여러 기회가 되어
여행을 해 본 나라를 세어 보니 30개국이 넘는 것 같다.

여전히 목적지만 정해지면
배낭 하나만 메고 여행을 떠난다.
어떤 목적을 가지고 떠난 여행이 아님에도,
여행을 갔을 때 누구와 어떻게,
무엇을 느꼈는지가

여행을 가게 하는 매력으로 느껴지기 때문이다.

20대에는 여행을 떠나기 위해
많은 것을 고민할 필요가 없었다.

어디든 떠날 수 있는 체력과 용기가 있었고,
무작정 떠나는 것이 여행의 본질처럼 느껴졌다.
저렴한 항공권을 찾고,
한 끼라도 더 싸게 해결하기 위해
길거리 음식을 찾아다니며,
숙소보다는 여행지에서 보내는 시간이 중요했다.

30대가 되면서 조금씩 여행의 방식이 변했다.
직장 생활을 하면서 시간이 한정되다 보니
짧은 기간 안에 더 많은 것을 보고 즐기려 했다.

30대 때는 여행 계획을 조금 더 철저히 세우고,
더 나은 숙소를 선택하며,
편안함과 효율성을 고려하기 시작한다.

그리고 40대.
이제는 여행에서 남는 것은 사진이 아니라

기억이라는 것을 깨닫는다.

무리한 일정을 짜지 않고,
여유롭게 주변을 둘러보는 시간이 많아진다.

여행의 방식도, 목적도 변했다.

모험도 좋지만, 그 과정에서 느끼는 여유를,
빠른 이동보다는 머무는 시간을 소중하게 여긴다.

예전에는 여행을 통해
더 많은 것을 경험하고자 했다면,
이제는 하나를 깊이 있게 경험하는 것이 중요해진다.

가족과 함께하는 여행

40대가 되면 가족과 함께하는 여행이
더욱 특별한 의미를 갖는다.

20대에는 홀로 떠나도 좋았고,
30대에는 친구들과 함께하는 여행이 즐거웠다면,

이제는 가족이 우선순위가 된다.

아이가 있다면
그들의 기억 속에 소중한 장면을 남겨 주고 싶고,

부모님과 함께라면
젊은 날 함께하지 못했던 시간들을
채우고 싶은 마음이 커진다.

가족 여행은 단순한 관광이 아니다.
관계를 더욱 단단하게 만드는 시간이다.

아이들과 함께 떠나는 여행에서는
모든 것이 새롭고 신기한 모험이 된다.

자연 속에서 뛰어노는 아이들의 모습,
처음 보는 풍경에 감탄하는 그들의 표정은
부모에게도 가장 소중한 장면으로 기억된다.

부모님과 함께하는 여행은 또 다른 감동을 준다.

부모님과의 여행은
시간을 되돌리는 마법 같은 경험이 된다.

어린 시절 부모님이 우리를 챙겨 주셨지만,
이제는 우리가 부모님의 손을 잡고 길을
안내하게 된다.

혼자 떠나는 여행의 의미

40대의 혼자 떠나는 여행도
20대, 30대 때와 다르다.

젊은 시절 혼자 떠나는 여행이
세상을 배우기 위한 과정이었다면,
이제는 나 자신을
더 깊이 이해하기 위한 시간이 된다.

익숙한 사람들과의 관계에서 잠시 벗어나
온전히 나에게 집중할 수 있는 시간이 소중해진다.

조용한 골목을 거닐며 커피 한 잔을 마시는 시간,

바닷가에 앉아 파도 소리를 들으며
지난 시간을 돌아보는 순간,
그리고 새로운 사람들을 만나면서도
어딘가 홀로 있는 듯한 느낌,
그리고 그 안에서 역설적으로 느끼는 평온함.
40대의 혼자 하는 여행은
바쁜 일상 속에서 미처 챙기지 못했던 감정들을
정리하는 기회가 된다.

또한 40대에는 경제적 여유가 더해지면서
보다 다양한 경험이 가능해진다.

20대에는 예산을 맞추기 위해
최소한의 비용으로 이동하고,
저렴한 숙소를 선택해야 했다면,
이제는 더 편안한 여행을 계획할 수 있다.

때로는 고급 레스토랑에서 한 끼를 즐길 수도 있고,
더 깊이 있는 문화적 체험을 위해
전문 가이드 투어를 신청하기도 한다.

여행이 단순한 이동이 아니라,

삶을 더욱 풍요롭게 하는 과정이 되는 것이다.

게다가 40대에는 여행지에서
만나는 사람들을 바라보는 시선도 달라진다.

20대에는 단순한 호기심으로
새로운 사람들을 만나고 이야기를 나눴다면,
이제는 상대방의 삶을 이해하고 공감하는 능력이
더 커졌다.

작은 마을의 숙소에서 만난
노부부가 들려주는 인생 이야기는
단순한 여행자의 흥미로운 경험을 넘어,
우리 자신을 돌아보게 만든다.

이러한 만남들이 쌓이면서
여행은 더욱 깊은 의미를 가진다.

친구들과 떠나는 여행의 변화

40대의 친구들과의 여행도 예전과 확실히 다르다.

젊은 시절 친구들과 함께 하는 여행이
즐거움과 모험의 시간이었다면,
이제는 함께하는 시간 자체가 더 큰 의미를 갖는다.

40대가 된 지금 친구들끼리만의 여행이
점점 어려워졌기 때문이다.

이제 친구들은 각자의 삶을 살아가고 있다.
누군가는 가정을 꾸렸고,
누군가는 부모님을 모시느라 시간이 자유롭지 않다.

그래서 친구들과 단순히 '우리끼리 떠나자'고
계획하는 것은 쉽지 않다.

그래서 자연스럽게 친구들의 가족과
함께 떠나는 여행의 기회도 많아진다.

서로의 배우자와 아이들까지 포함된 여행은
처음에는 어색할 수도 있지만,
또 다른 즐거움을 준다.

가족 단위의 여행이 되면서 여행 스타일도 달라진다.

예전처럼 밤늦게까지 술을 마시며
대화를 나누는 대신,
아이들이 뛰어노는 모습을 바라보며 차 한 잔을
나누는 시간이 생긴다.

친구들과의 여행이 단순한 우정의 확인이 아니라,
서로의 삶을 더욱 이해하는 과정이 된다.
그리고 이런 여행 속에서 친구들의 가족과도
새로운 인연을 맺으며,
더 넓고 깊은 관계를 쌓아 가게 된다.

여행지에서의 새로운 발견들

40대가 되면서
같은 장소를 여행해도 보이는 것들이 달라진다.

20대에는 유명한 관광지나 핫 플레이스에
관심이 많았다면, 이제는 그곳에 살고 있는 사람들의
일상적인 삶에 더 관심이 간다.
아침 일찍 일어나 시장을 구경하고,
현지인들이 자주 가는 작은 식당에서 식사하고,

관광객들이 잘 가지 않는 골목을 걸어 보는 것.

이런 경험들이 더 소중하게 느껴진다.

또한 역사나 문화에 대한 관심도 높아진다.

젊을 때는 그냥 지나쳤을 박물관이나 유적지에서
더 많은 시간을 보내게 된다.
그곳의 역사와 문화를 이해하려고 노력하고,
그것이 현재의 내 삶과 어떤 연결점이 있는지
생각해 보게 된다.

여행이 단순한 구경이 아니라,
배움과 성찰의 과정이 되는 것이다.

또한 40대의 여행은 '느림'의 미학을 추구한다.

예전에는 한 번의 여행에서
최대한 많은 곳을 보려고 했다면,
이제는 한 곳에 머무르면서
깊이 있게 경험하는 것을 선호한다.

하루에 여러 도시를 이동하는 대신,
한 도시에서 며칠을 머물면서
그곳의 일상을 체험해 보는 것.

아침에는 천천히 산책하고,
오후에는 카페에 앉아 책을 읽고,
저녁에는 현지 음식을 천천히 음미하는 것.

이런 여유로운 일정이 더 만족스럽게 느껴진다.
바쁘게 움직이지 않아도,
충분히 의미 있는 시간을 보낼 수 있다는 걸
알게 됐다.

다른 문화와 다른 생활 방식을 경험하면서,
내가 가지고 있던
고정관념이나 편견을 돌아보게 된다.

내가 당연하다고 생각했던 것들이
사실은 당연하지 않을 수도 있다는 걸 깨닫는다.

또한,
여행을 통해 내 삶의 우선순위를 재정렬하게 된다.

일상에서는 중요하다고 생각했던 것들이
여행지에서는 별로 중요하지 않게 느껴지기도 하고,
반대로 평소에 무시했던 것들이
더 소중하게 느껴지기도 한다.

여행이 끝나고 일상으로 돌아와서도,
이런 새로운 관점들이 삶을 더 풍요롭게 만들어 준다.

일상 속의 여행

40대가 되어 보면 여행이란
꼭 멀리 떠나야 하는 것이 아니라는 생각이 든다.

때로는 일상 속에서도
우리는 새로운 풍경을 마주하고,
삶의 또 다른 모습과 만난다.

가족과 함께 저녁을 먹으며 나누는 대화,
아이와 함께 공원을 산책하는 시간,
부모님과 차 한 잔을 하며 나누는 추억 속에서도
우리는 여행의 감동을 느낄 수 있다.

중요한 것은 어디에 있느냐가 아니라,
누구와 어떻게 시간을 보내는가인 것 같다.

지금 이 순간,
우리 곁에 있는 사람들과 함께하는
모든 순간이 새로운 여행이며,
앞으로의 삶을 더욱 풍요롭게 만드는 길이 된다.

40대의 여행은
목적지가 아니라 과정에서 의미를 찾는다.

그리고 그 과정에서 만나는 사람들,
경험하는 순간들,
느끼는 감정들이 모두 나의 삶의 소중한 자산이 된다.

13장.
40대의 재테크, 삶을 위한 투자

40대에 재테크는 '지키는 것'과 '키우는 것'
그리고 '현재'와 '미래' 사이의 '균형'이다.

숫자가 주는 묘한 감정들

어느 날 아침,
커피를 마시며 뉴스를 보다가 믿기
어려운 숫자를 봤다.

강남의 한 아파트가 60억 원에 거래되었다는 기사.
압구정의 아파트를 30대가 현금으로 샀다는 기사.

20대에는 돈은 없었지만,
그래도 '앞으로 벌 수 있다'는 기대가 있다.

30대에는 결혼, 주택 마련, 아이 교육 같은
현실적인 문제에 부딪히고, 돈을 모으기 시작한다.

그리고 40대.
이제는 '돈'이 단순한 숫자가 아니라,
삶을 결정하는 요소라는 걸 실감하게 된다.

재테크는 선택이 아니라 필수가 되었고,
잘못된 선택은 평생 후회로 남을 수 있게 된다.

직장 동료들과 식사를 하면,
자연스럽게 재테크 이야기가 나온다.

"회사 게시판에 코인으로 몇백 억 벌어서 퇴직한다는
그 글 봤어?"
"너 ○○ 알지? 그분 집이 지금 3채이고 상가도 있대."

누군가는 그 사람들을 부러워하고,
누군가는 위험한 도박이라며 혀를 찬다.

하지만 모두가 같은 생각을 한다.

'나는 지금까지 뭐하고 있었지,
너무 안전하게만 살고 있던 건 아닐까?'

돈에 대한 감정이 복잡해진다

40대가 되면 돈에 대한 감정이 더욱 복잡해진다.

20~30대에는
'돈을 벌어야 한다'는 목표가 명확했지만,

이제는 '돈을 어떻게 불릴 것인가'라는
고민이 시작된다.

회사에서는 후배들이 빠르게 성장하고 있고,
주변 친구들이 하나둘씩 투자로
돈을 불렸다는 소식이 들려온다.

누군가는 주식으로,
누군가는 부동산으로,
또 다른 누군가는 사업으로 돈을 벌었다고 한다.

그런데 나는?

여전히 월급을 차곡차곡 모으며
안정적으로 살아가고 있지만 이대로 괜찮을까?

대화를 하고 있으면 이런 생각들이 내 머릿속을 괴롭힌다.

가끔은 부동산 앱을 열어서 집값을 확인해 본다.

'얼마 전에 봤던 그 아파트가 벌써 이렇게 올랐네…'

아쉽긴 하지만,
그때 무리해서 샀더라면 지금쯤 대출 이자에 허덕이고
있었을 거라며 스스로를 위로한다.

하지만 마음 한 켠에는 여전히
'그때 용기를 냈더라면…' 하는
아쉬움이 남아 있다.

투자, 한 방을 노릴 것인가, 안정적으로 할 것인가

주변에 후배들을 보면
무작정 주식과 코인에 뛰어든 사람들도 있다.
그들은 일확천금의 꿈도 있지만,
잃어도 그것이 경험이 되어
다시 벌 수 있다는 자신감이 보인다.

하지만 40대에는 그런 식의 투자가 쉽지 않다.

하루에도 몇 번씩 변동하는 코인 시장을 보며
가슴 졸이기에는 감당해야 할 것들이 너무 많다.
가족이 있고,

대출이 있고,
은퇴 이후의 삶도 준비해야 한다.

그래서 40대의 투자는 방향이 달라지는 것 같다.

단기적인 큰 수익보다,
꾸준한 수익을 낼 수 있는 곳에 돈을 넣는 사람들이
내 주변에는 많이 보인다.
한때 공격적인 투자를 했다가 손해를 보고
이제는 안정적인 투자만 하는 사람이 있다.
반대로, 무리하게 대출을 받아서 부동산 투자에
뛰어들었는데 그 집값이 천정부지로 오른
사람도 있다.

어느 투자가 맞는지는 나는 아직 속단할 수 없다.

그러나,
'내가 감당할 수 있는 리스크 안에서 꾸준한 수익을
내는 방법이 무엇인가'를 찾는 것이 중요한 것 같다.

돈을 바라보는 시선의 변화

20대에는 돈을 버는 것이 중요했고,
30대에는 모으는 것이 목표였다.

하지만 40대에는
'돈을 어떻게 써야 하는가'에 대한 고민이 더 커진다.
돈을 버는 것도 중요하지만,
이제는 돈을 어떻게 쓰는가도 중요하다는 걸 안다.

40대가 되기까지 우리는 이미 많은 것을 참아 왔다.
20대에는 돈이 없어서 못 했고,
30대에는 가정을 꾸리느라 우선순위에서 밀렸다.

이제는 돈을 모으는 것뿐만 아니라,
'지금'의 행복을 위해 쓰는 법도 배워야 한다.

주변을 보면,
돈을 많이 모았지만 제대로 쓰지 못해
후회하는 사람도 있고,
반대로 모으지는 못했어도
삶을 풍족하게 사는 사람도 있다.

돈의 절대적인 크기도 매우 중요하지만,
내가 그 돈을 어떻게 사용하느냐
그 점에 대해서도 40대 때는 고민하게 된다.
40대가 되면 '노후'라는 단어가
더 이상 먼 미래의 이야기가 아니다.

친구들과 만나면 건강 이야기가 나오고,
보험 설계사들은 연금 상품을 추천한다.

회사에서는 50대 이상의 선배들이
하나둘씩 명예퇴직을 하는 모습을 보며,
언젠가 내 차례도 올 것이라는 사실을 깨닫는다.

그렇다고 해서 당장 노후 준비를 위해
모든 돈을 쏟아부을 수도 없는 노릇이다.

미래도 중요하지만, 지금 당장의 삶도 중요하다.
나의 현재와 미래에 모두 투자가 필요하다.

그런 점에서 보면
40대에 재테크는 '지키는 것'과 '불리는 것'
'현재'와 '미래' 사이의 '균형'이라는 생각이 든다.

PART 5.

내면의 목소리에 귀 기울이다

14장.
Overdrive, 나에게 묻는다

이제는 무너지는 방법조차
세련되게 변해야 한다.

지금, 이대로는 아닌 것 같은

가끔 그런 순간이 있다.

방 안은 고요한데,
마음은 자꾸 웅웅거리고.
이도 저도 아닌 채로 하루를 넘겼다는
기분이 드는 밤.

그런 날 우연히 포스트 말론(Post Malone)의
'Overdrive'를 들었다.

조용히 흘러나오는 기타 스트로크,
메마르지만 무겁게 울려 퍼지는 드럼 소리,
그리고 무엇인가 갑갑한 마음을 터뜨릴 것 같으면서도
터지지 않고 내뱉는 목소리,

그리고 시작되는 노래.

"I spend my nights on overdrive
I live my life so overtired
And there's nowhere I can hide

Now I live my life on overdrive."

"난 밤에도 쉬지 않고 계속 달려
나는 매우 지친 채 살고 있어
내가 숨을 수 있는 곳은 어디에도 없어
지금의 난, 내 인생을 미친듯이 달려."

처음 이 노래를 듣는 순간 나는 멈춰 버렸다.

귓가에 들리는 멜로디와 가사가 나의 가슴을
그리고 나의 감정을 쳐 버렸다.

열심히 살고 있다.

누가 봐도 나쁘지 않게 살아왔다.
근데 가끔, 이런 생각이 든다.

'이게 내가 원하던 모습이었나?'

'Overdrive' 노래는 그런 질문을 끌어낸다.

이 노래는 너무도 열심히 살고 있는

우리의 모습을 담고 있다.

계속 달리고 있지만,
그 안에서 수많은 고민과 힘듦을 겪고 있는
우리의 노래이다.

그래서 20대의 나였다면 그냥 지나쳤을 그 감정이,
지금의 나에게 너무도 선명하게 들려온다.

밴드 자우림의 '스물다섯, 스물하나'노래를
처음 들었을 때
20대의 막연한 낭만과 그리움을 느꼈다.

그런데 마흔이 된 지금,
이 노래를 다시 들으면
그땐 미처 몰랐던 감정이 하나 더 따라온다.

바로 '시간의 유한함'
지나가 버린 시간에 대한 아쉬움, 체념,
그리고 무엇보다, 다시는 그렇게 살 수 없다는 사실.

제목이 '스물다섯, 스물하나'이기에 이십 대의

어느 날을 생각하게 되지만
이 노래를 계속 듣고 있으면 단순히 이십 대만이 아닌
지나간 시간에 대한 회한과 그리움이 느껴진다.

지금 이 순간도 내일의 나에게는
다시 돌아갈 수 없는 순간이 될 것이다.

'Overdrive'도 그런 의미에서 비슷하다.

'Overdrive'는 흘러가고 있는 시간 위에 있는
나를 노래한다.
그리고 그 길 위에서 나는 멈출 수 없이 달리고 있다.

40대, 무너지는 법도 달라야 한다

20대 때는 너무 지치고 힘이 들어 무너질 것 같을 때에는
화를 내고 울며 울분을 토했지만,

이제는 무너지는 방법조차
세련되게 변해야 한다.

아무 일 없다는 얼굴로 속을 다스리는 법을
배워야 하고,

괜찮지 않지만,
무력한 탈력감 속에서도
나의 중심을 잡고 괜찮은 척해야 한다.
노래 'Overdrive'에서
포스트 말론은 절규하지 않는다.

그저 묻는다.
정말 이대로 괜찮은지,
지금의 삶이 정말 나의 것이 맞는지.

나는 이 노래를 들으며
문득, '이게 나인가?'라는 생각을 떠올렸다.

그리고 'Overdrive'는
그 질문에 명확한 답을 하지 못하는 나 자신을,
조용히 안아 주었다.

혹시 당신도 지금,
그저 하루를 넘기는 것만으로도 버거운 마음이 든다면

이 노래를 한번 들어 봤으면 한다.

힘을 내자는 말도,
괜찮다는 위로도 없는 노래지만
그게 오히려 지금 우리에게 필요한 말일지도 모른다.
그냥 그렇게,
조금은 천천히,
잠깐 멈춰 서서 듣는 것만으로도
우리는 다시 걸을 수 있을지 모른다.

마치 "답하지 않아도 괜찮아"라고 말하듯이.

15장.
후회와 수용 사이에서

살면서 우리가 하는 셀 수 없는 '선택'들은
내가 원하든 원치 않든 늘 '포기'를 동반한다.

다만, 그 선택을 수용하고, 선택의 의미를 찾아 가는 것.
그것이 삶의 기술이고, 어른이 되어 간다는 것이다.

나에게서 비롯된 생각들

돌아보면 후회되지 않은 선택들이 얼마나 있을까.

한때는 그 후회를 없애기 위해 발버둥쳤고,
애써 외면하려 애썼다.

실수는 빨리 잊고,
상처는 곪기 전에 도려내고,
잘못된 선택은 정정하면 된다고 믿었다.

하지만 시간이 지나고 40대에 접어들면,
후회는 더 이상 나를 쫓아다니는 유령이 아니라,
나와 함께 살아가는 또 하나의 나처럼 느껴진다.

그 감정이 나를 부끄럽게 하기도 하지만,
나의 성장을 증명하는 지표인 것처럼 느껴진다.
후회한다는 것은,
그만큼 그 순간에 진심이었다는 반증일 수도 있다.

후회는 늘,
지나간 시간을 통해 우리에게 온다.

그때 그 시간 속에서
우리는 더 나은 선택을 할 수 있었을지도
모른다는 생각에 시달린다.
왜 그때 그렇게 말했을까.
왜 그 사람을 놓쳤을까.
왜 그 일을 포기했을까.
왜, 왜, 왜.

그러나,
그때의 나도 지금의 나처럼 진지하게,
나름대로의 고민 끝에 결정을 내렸을 것이다.

다만, 지금의 내가 가진 정보와 경험, 그리고 감정으로
다시 그때를 돌이켜 보니 부족해 보일 뿐인 것이다.

그렇게 생각하면
후회는 과거의 나를 미워하게 만드는 감정이 아니라,
그때도 최선을 다했던 나를 이해하는 마음으로
바뀌어 간다.

후회가 더 이상 나를 책망하는 목소리가 아닌,

조용히 등을 토닥이는 손길처럼 느껴진다.

후회 위에 지어진 수용의 언어들

살면서 우리가 하는 셀 수 없는 '선택'들은
내가 원하든 원치 않든 늘 '포기'를 동반한다.

어떤 길을 가기로 '선택'하는 순간,
선택되지 않는 길은 '포기'로 변한다.

완벽한 선택이란 없다.

다만, 그 선택을 수용하고,
그 선택의 의미를 찾아 가는 것.

그것이 삶의 기술이고, 어른이 되어 간다는 것이다.

어느 날 문득,
'수용'이라는 단어가 마음 깊이 들어왔다.

받아들인다는 것.

있는 그대로.
결과를, 감정을, 상황을,
그리고 무엇보다 나 자신을.

후회를 없애기 위해 안간힘을 쓰던 시간은
이제 멈췄다.

대신 나는 나를 수용하기로 했다.

실수했던 나도,
용기 내지 못했던 나도,
너무 늦게야 알게 된 나도,
모두 다 나니까.

40이라는 나이, 후회의 무게를 다루는 법

나이가 들면 후회의 무게는 줄어들 줄 알았지만,
현실은 그렇지 않았다.

오히려 더 무겁다.

그 무게는 더 많은 책임감에서 비롯되고,
놓쳐 버린 기회가 더 분명하게 보이기 때문에 생긴다.

젊을 때의 후회는 반성이고,
40대의 후회는
종종 삶의 방향을 되짚게 하는 나침반이 된다.

후회를 통해 나는 지금 어디쯤 와 있는지,
앞으로 어디로 가야 하는지를 다시 묻게 된다.

그렇다고 후회에 짓눌려 살아갈 수는 없다.
후회는 잠깐 멈춰 서게 만들지만,
결국엔 다시 걸어가야 하니까.

그 길 위에서 나는
내 지난 선택들을 받아들이고,
때로는 스스로를 위로하며,
또다시 새로운 결정을 내릴 용기를 찾는다.

오늘도 나는 또 다른 선택의 기로에 서 있다.

어쩌면 훗날,

이 선택도 후회하게 될지 모른다.
하지만 지금의 나에게 해 주고 싶은 말은 하나다.

"괜찮아, 후회해도 돼.
중요한 건 그 선택을 통해 무엇을 배웠고,
어떻게 살아갈지를 스스로에게 물어보는 일이니까."

그렇게
나는 후회와 수용 사이에서 균형을 잡으며
오늘을 살아간다.

완벽하지 않지만,
진심으로.

그리고 후회하지 않기 위해서가 아니라,
후회를 품고도 흔들리지 않기 위해서.

.

16장.
자신을 사랑한다는 것, 자기애에 대하여

자기애는 그렇게, 내가 나를 먼저 안아 주는 일이다.

아무도 알려 주지 않았던 말

마흔이라는 숫자는 어느 날 갑자기 내 앞에 다가온다.

그저 해가 바뀐다고, 생일 하나 지났다고
나의 나이를 표현하는 앞의 숫자가 바뀐 것이다.

그런데 이상하다.

예전과는 다르게,
나를 바라보는 시선 또한 달라진다.

살아오며 참 많이 들은 말이 있다.

"남을 먼저 생각해라."
"자기만 아는 건 이기적인 거야."
"겸손이 미덕이다."

그래서 나를 조금 더 낮추는 법을 배웠고,
타인을 먼저 생각하는 법도 익혔다.

그게 사람을 배려하는 방식이자

어른스러운 태도라고 믿었다.

하지만,
그 과정에서 내가 나 자신을 얼마나 모르는지에 대해
누구도 말해 주지 않았다.

오히려 너무 늦게 깨달았다.

나를 사랑하는 법 또한,
가르쳐 주지 않으면 모른다는 걸.

'자기애'라는 단어가 낯설었던 시절

한때 '자기애'라는 단어를 들으면 거부감이 먼저 들었다.

자기애가 많은 사람은 이기적이고,
도무지 남을 배려할 줄 모르는 것처럼 느껴졌다.

자기만 돋보이려 하고,
자신의 감정에만 충실한 사람들.

그런 사람을 본 적이 있지 않나.
본인이 무엇을 했고,
본인이 있어서 어떻게 되었고,
모든 말에 "내가", "내가", "내가" 하며
자기를 강조하며 드러내는 사람.

그런 자기애는 분명 거북하다.

하지만 지금은 안다.

건강한 자기애는
나를 지키는 최소한의 테두리라는 것.

내가 나를 돌보지 않으면,
아무도 나를 돌보아 주지 않는다는 것을.

그리고 내가 나를 아껴야
진심으로 다른 사람들도 아낄 수 있다는 것을.

내가 나를 잃어 가던 시간들

가족에게, 친구들에게, 동료들에게
나는 늘 "괜찮아"를 입에 달고 살았다.

일이 몰려도 괜찮다고 했고,
감정이 상해도 웃으며 넘겼었다.

삶은 어느새 '해야만 하는 일'의 연속이 되었고,
'기능'은 있지만
'감정'은 사라진 사람처럼 나를 느끼게 만들었다.

그럴 때 나는 나 스스로에게
"괜찮아?"라는 질문조차 하지 않았었다.

이제는 조금 달라졌다.

예전엔 멋진 명언을 되뇌는 것으로
나는 괜찮다며 스스로를 위로하려 했다.

하지만 지금은 이런 생각이 든다.

'나를 사랑하는 건 거창한 일이 아니다.
그냥 하루에 한 번 내 마음에 진심으로 묻는 것이다.'

너무 지치고 힘겨울 땐, 책임감보다 휴식을 선택하는 것.

누군가의 기준이 아닌, 내 감정에 솔직해지는 것.

매일 거울을 보며 나에게 괜찮다고, 고생했다고 말해 주는 것.

남들과 비교하지 않고,
오직 '어제의 나'만을 기준으로 삼는 것.

자기애는 그렇게, 작고 소박한 실천에서 시작된다.

내가 나를 먼저 안아 주는 일

마흔이 되면,
사람들은 더 강해져야 한다고 한다.

가정을 책임지고,
조직을 이끌고, 후배들을 다독여야 한다고 말한다.

하지만 나는 이제야 알겠다.

진짜 강함은,
남을 챙기기 전에
나를 먼저 챙길 수 있는 데서 온다는 것.

누군가에게 따뜻한 말을 해 주기 위해선
먼저 그 말을 나 스스로 믿고 있어야 한다.

누군가를 이해하기 위해선
먼저 나 자신의 서툶을 용서할 줄 알아야 한다.
자기애는 그렇게,
내가 나를 먼저 안아 주는 일이다.

앞으로의 삶에서도
나는 나를 우선순위에 두기로 했다.

이기적인 것이 아니라,
생존을 위한 결심이다.

나는 누군가의
부모, 자녀, 동료, 친구로 살아가야 하기에

그 무엇보다 '나'가 건강해야 한다.

매일 거울 앞에서 웃는 연습을 하고,
내 감정에 솔직한 하루를 살아가고,
나를 칭찬하는 말에 인색하지 않을 것이다.

그리고 누군가 나에게
"당신은 당신을 사랑하나요?"라고 묻는다면

그때 나는 부끄럽지 않게 웃으며 말할 수 있을 것 같다.

"네, 이제야 비로소 그렇다고 말할 수 있어요."

17장.
혼자만의 시간이 소중해지는 때

고립도 아니고 외로움도 아니다.

나에게 주는 여유,
나를 돌보는 가장 조용한 방법이다.

서서히 찾아온 변화

사람들과 함께 있는 시간이
전부라고 생각했던 시절이 있었다.

아니, 함께 있어야
나의 존재가 더 또렷해지는 듯한
느낌을 받았던 때가 있었다.

20대엔 누구와 어울리는지,
어떤 무리 속에 속해 있는지가 정체성이 되었고,
30대엔 가족과 직장이라는 울타리 안에서
관계를 유지하는 것이 중요했다.

그런데 40이 된 어느 날, 문득 깨닫게 된다.

어느샌가 혼자 있는 시간이 그리 나쁘지 않다는 것을.

오히려 그 시간이 없으면
하루가 온전히 정리되지 않는다는 것을.

이건 고립도 아니고 외로움도 아니다.

나에게 주는 쉼표이자,
나를 돌보는 가장 조용한 방법이다.

진짜 고요가 시작되는 시간

하루를 마치고 돌아온 저녁, 집 안은 고요하다.
예전 같으면 TV를 켜거나,
누구라도 불러내 술 한 잔 기울였을 시간을
이제는 조용히 불 끄고 앉아
작은 스탠드 불빛 아래에서
흘러나오는 음악에 나를 맡긴다.

그렇게 혼자 있는 시간을 보내면,
이제는 그 시간이 편안하다.

누군가와 있지 않아도 외롭지 않고,
말이 없어도 허전하지 않다.

나 자신을 바라보는 데엔
소음보다 고요가,

대화보다 침묵이 더 적합하다는 걸 이젠 안다.

혼자 있는 시간이 주는 선물

혼자 있는 시간은 생각보다 많은 걸 안겨 준다.

침묵 속에서 스스로의 감정에 집중하게 되고,
미뤄 뒀던 생각들이 하나 둘 얼굴을 내민다.

평소에는 지나치기 바빴던 감정의 결들을
따라가다 보면, 불쑥 오래전 기억이 떠오르기도 하고,
아직 말로 꺼내지 못했던 상처가
모습을 드러내기도 한다.

그 모든 것을 외면하지 않고 마주하는 시간.

그 시간이야 말로 치유이고,
성장이며, 내가 나를 가장 잘 안아 주는 방법이다.

주말 아침, 카페에 들러 창가 자리에 앉아 본다.
누군가를 기다리는 것도 아니고, 특별한 목적도 없다.

그저 나에게 커피 한 잔을 사 주는 시간이다.

창밖을 바라보며 천천히 마시는 커피는
생각보다 많은 이야기를 끌어낸다.

지나온 날들, 놓쳐 버린 말들,
그리고 아직 오지 않은 내일에 대한
조심스러운 상상까지.
예전엔 사람을 만나기 위해 카페를 찾았지만,
지금은 오히려 혼자여서 좋은 곳이 되었다.

그곳에 앉아 있는 동안
나는 누군가의 어른이 되었다가,
다시 어릴 적 나로 돌아갔다가,
현재의 나로 돌아오는 반복을 한다.

모든 것을 내려놓고 바라보다

어느 날, 늦은 밤 집 근처 공원을 걷다가
하늘을 올려다보았다.

그날따라 서울에서 보는 밤하늘임에도
별이 무척이나 이쁘게 보였다.

예전 같았으면 하늘을 보는 여유 따위는
없었을 것이다.

매일 업무에 치이고,
인간관계에 신경 쓰고,
미래에 대해 조급해하며 바쁘게만 살았다.

하지만 지금은 하늘을 올려다볼 여유를 만들어 본다.

그리고 그 여유가 내 삶을 조금 더 사람답게 만든다.

별을 바라보며 아무 생각 없이 서 있는 그 순간,
나는 더 이상 누군가에게 보이기 위한 사람이 아니다.

단지,
있는 그대로의 나를
느낄 수 있는 존재로서의 내가 된다.

나만의 리듬을 찾다

혼자만의 시간은 나만의 리듬을 되찾는 시간이다.

늘 남에게 맞춰 살다 보면
어느 순간 내 속도감이 사라진다.

말도,
생각도,
감정도
남의 기준에 맞추게 되고,
나라는 존재는 점점 희미해진다.

그러나 혼자 있는 시간은
나의 박자를 다시 찾게 해 준다.

느리게 걸어도, 길게 생각해도 괜찮다.
누구의 기준에도 맞추지 않아도 되는 유일한 순간,
그때 비로소 나는 나답게 존재한다.

"잘 지내?"의 무게

가끔은 너무 혼자 있는 시간이 익숙해져서
걱정될 때도 있다.

이대로 사람들과 관계가 멀어지는 건 아닐까,
이 편안함에 익숙해져서
외로움을 모르게 되는 건 아닐까.

하지만 그런 날이면
오래전 나에게 의미 있었던 사람들의
얼굴을 떠올린다.

"잘 지내?"

한때는 하루에 몇 번씩 웃고 떠들었던 사이였지만,
지금은 몇 달에 한 번 안부를 주고받는 정도다.

그런데도 그 메시지를 받으면 마음이 움직인다.
짧은 그 인사 한마디에
서로를 여전히 생각하고 있다는 안도가 스민다.

예전 같았으면
"언제 한번 보자"라는 말 뒤에
곧 약속을 잡았겠지만,
지금은 그 말이 무기한 미뤄지는 걸 알기에 더 깊다.

물리적인 만남이 줄어들수록,
관계는 더 진심으로 남는다.

적당한 거리, 자주 만나지 않아도 괜찮은 관계,
그 속에 오래가는 따뜻함이 있다.

함께 웃었던 순간, 같이 울었던 시간,
말하지 않아도 통했던 마음.

그래서 혼자 있는 시간 속에서도 관계를
더 소중히 여기게 된다.

혼자 있어도 괜찮아

결국 삶은 혼자여도,
같이여서도 온전할 수 있다.

혼자 있다는 사실이 나를 약하게 만들지 않는다.

오히려 혼자 있는 시간이 있었기에,
나는 다른 이들과
더 건강한 관계를 맺을 수 있게 되었다.

함께 있는 시간은 선물이다.
하지만 혼자 있는 시간은 기반이다.
그 기반이 단단해야 관계도 흔들리지 않는다.

40이 넘은 지금,
나는 내 인생에서 가장 '나'에게 집중하고 있다.

18장.
완벽하지 않아도 괜찮다는 깨달음

나이 마흔,

나는 완벽하지 않기에
오늘의 나를 다시 채워 간다.

완벽이라는 것은

스무 살, 서른 살의
나는 늘 무언가가 부족한 사람처럼 살았다.

더 나은 성과,
더 좋은 직장,
더 많은 인간관계,
더 이상적인 내 모습.

'더'라는 말은
나를 움직이는 연료이면서도
나를 지치게 만드는 그림자였다.

하루하루를 잘 살아가고 있음에도
뭔가 미진한 감정은 항상 옆자리에 앉아 있었고,
나는 늘 그 감정을 외면하거나
극복해야만 하는 대상으로 여겼다.

하지만 마흔이 넘고,
불현듯 알게 된 것이 있다.

그 감정은 '채워야 할 무언가'가 아니라,
'지금의 나를 있는 그대로 바라보라'는
신호였다는 것.

완벽이라는 환상에 갇힌 시간

우리 대부분은 어릴 때부터
'완벽함'에 대한 기준을 주입받고 자란다.

시험지의 100점,
줄을 잘 맞춘 글씨,
칭찬받는 대답.

그 기준은 어른이 되면 더 복잡해지고 다양해진다.

경력의 끊김 없는 흐름,
좋은 배우자,
안정된 수입,
균형 잡힌 몸과 마음.

하지만 살다 보면 알게 된다.

그 모든 기준은 도달의 목표가 아니라,
순간순간 나를 조이는 굴레가 되기도 한다는 것을.

사실 누군가에게 내 인생을 보여 줘야 할 일이 있다면,
가장 완벽한 부분만 보여 주고 싶은 건 당연하다.

하지만 인생은
쇼윈도에 놓인 인형이 아니라,
비 오는 날 옷이 젖기도 하고,
길을 잘못 들기도 하는,
실수와 후회로 가득한 여정에 가깝다.

그 안에서 웃고, 노래하고,
때론 소주 한 잔에 감정을 털어내며 다시 걷는다.

마흔, 기준이 달라지는 시간

40대에 들어서면서 많은 것이 달라졌다.

지금은 누군가에게 인정받기 위해 애쓰기보다,
내가 나를 편하게 대하는 방법을

조금씩 익히는 중이다.

과거엔 계획대로 되지 않으면 불안했고,
결과가 완벽하지 않으면 내 탓처럼 느꼈지만
지금은 "이만하면 됐지"라는 말을
마음속으로부터 자주 꺼내 본다.

물론 여전히 노력하고, 더 나은 내일을 바란다.

하지만 그 바람이 나를 때리는 채찍이 아니라,
나를 다독이는 손길이 되도록 조절하고 싶다.

이 나이가 되면,
보이지 않는 기준으로 서로를 재기보다
그냥 각자의 속도와 방식이 있다는 걸 이해하게 된다.

자기만의 시계로 살아가는 삶이
더 정직하다는 걸 알게 되는 것이다.

인간관계도 그렇다.

젊은 시절에는

서로 완벽하게 맞아떨어지는 사람을 찾으려 애썼다.

서로 같은 가치관,
같은 취향, 같은 방식이면 좋겠다고.

하지만 이제는 안다.

모든 관계는 어긋남과 차이로부터 시작된다.

오히려 그 틈이 대화를 만들고,
그 차이가 나를 확장시킨다.

그래서 요즘은 서로를 바꾸려 하지 않고,
이해하려 노력한다.

내가 틀렸을 수도 있다는 가능성을 남겨 두고,
때로는 맞고 틀림 없이
그저 다른 사람이라는 걸 받아들이게 된다.

더 이상 내게 잣대를 들이대지 않기로 했다.

예전의 나는 늘 '이 정도면 괜찮은 사람인가?'라고

자신에게 질문했다.
이젠 그 질문을 바꾼다.

"내가 오늘 나답게 살았는가?"
그 질문은 훨씬 부드럽고, 따뜻하다.

완벽한 하루는 없지만, 소중한 순간은 늘 있다

하루 중 잠깐의 웃음,
오래된 친구의 안부,
아이의 투정, 사랑하는 이의 따뜻한 손.

이 작은 장면들이 쌓여 인생을 만든다.

완벽하지 않지만, 봄날의 햇살처럼 괜찮은 삶.

나의 부족함마저 사랑하는.

어느 날 거울을 보다 문득 나도 모르게 말을 한다.

"참 많이 변했구나."

피부는 예전 같지 않고, 눈가에 잔주름도 늘었다.
하지만 그 얼굴 안에 담긴 시간과 경험,
웃음과 눈물, 수많은 이야기들은
이전의 그 어떤 '완벽한 모습'보다 깊고 아름답다.

자신을 사랑한다는 건
그 어떤 이상에 도달하는 것이 아니라,
지금의 나를 사랑할 수 있는 용기를 갖는 것이다.

그리고 그 용기는, 나를 자유롭게 만든다.

그리고 이제, 조금 더 너그러워지기로 한다.
다른 이도 나처럼 하루를 살아가는 중일 테니까.

완벽하지 않아도 괜찮다.

실수투성이의 하루를 끝내고 나면,
결국 우리를 버티게 하는 건
완벽함이 아니라
서로에 대한 이해와 너그러움이다.

완벽하지 않지만, 가장 나다운 모습으로

40대가 된 지금,
나는 아직도 실수하고 망설이며 때로는 후회도 한다.

하지만 그 모든 것들이
내가 살아 있다는 증거이기도 하다.

더 이상 '완벽한 나'가 되려고 애쓰지 않는다.

대신, 더 '나다운 나'가 되려고 노력한다.

그렇게 하루를 살고 나면,
내일의 나는 오늘보다 조금 더 단단하고
조금 더 부드러운 사람이 되어 있을 것이다.

그리고 그걸로 충분하다.

나이 마흔,

나는 완벽하지 않지만,
오늘의 나를 다시 채워 간다.

에필로그

마흔이 주는 새로운 시선

마흔 즈음이 되면,
과거의 나와 현재의 나를 비교하게 된다.

10대에는 모든 것을 해 보고 싶다는 꿈이 있었고,
20대에는 새로운 것에 도전을 했고
30대에는 자신이 선택한 길에 대한
확신을 가지려 했다.

하지만 40대가 되면,
삶 속에서 균형을 고민하게 된다.

성공과 실패,
가족과 일,
나와 타인의 관계 속에서
어떻게 조화를 이루며 살아갈지를 고민한다.

마흔이 되면,

삶이 어느 정도 정리된 것 같으면서도
동시에 혼란스럽다.

여전히 풀리지 않은 숙제가 많고,
앞으로 어떻게 살아야 할지 고민이 깊어진다.

하지만 한 가지 분명한 것은,
마흔은 더 이상 '젊음'이라는 힘만으로
버틸 수 있는 시기가 아니라는 점이다.

이제는 경험과 지혜가 필요하고,
그것을 바탕으로 삶을 재정비해야 한다.

마흔 즈음에는 많은 것들이 현실적으로 다가온다.
서른 즈음에 가졌던 불안감이
이제는 현실이 되어 버린다.
젊었을 때에는 미래가 막연하게 펼쳐진
가능성의 영역이었다면,
마흔이 되면 그 가능성은
눈앞에 닥친 현실로 구체화된다.

서른 즈음에는 우리는 가능성으로 평가받는다.

"앞으로 성장할 사람"이라는 기대 속에서
기회를 얻기도 하고,
실패해도 다시 일어설 기회가 있었다.

하지만 마흔이 되면 이야기가 달라진다.
더 이상 가능성이 아닌,
성과로 증명해야 하는 시기가 된다.

지금까지 쌓아 온 커리어가 내 위치를 결정짓고,
앞으로의 선택에도 영향을 미친다.

직장에서 어느 정도 자리를 잡았다고 생각했는데,
여전히 새로운 위기와 변화가 기다리고 있다.
변화의 속도는 점점 빨라지고,
기술과 산업의 변화 속에서 뒤처지지 않기 위해
끊임없이 배우고 적응해야 한다.
하지만 배우는 것이 쉽지 않다.
몸과 마음이 쉽게 지치고,
새로운 기술을 익히는 것이
예전처럼 빠르지 않다는 것을 인정해야 할 때가 온다.

가족과 친구,

동료와의 관계도 마흔 즈음에는
또 다른 변화를 맞이한다.

부모님은 점점 더 나이가 들어 가시고,
아이들은 성장하면서
우리에겐 더 많은 책임이 주어진다.

주변 사람들에게 기대고 싶지만, 마흔이 된 우리는
더 이상 '도움을 받아야 하는 사람'이 아닌
'도움을 주어야 하는 사람'이 되어 있다.

마흔 즈음의 우리는

그렇다면 우리는 이 현실을 어떻게 받아들여야 할까?

마흔은 더 이상 젊진 않지만,
그렇다고 해서 늦은 것도 아니다.

중요한 것은
지금 이 순간을
어떻게 살아가느냐에 있다.

우리는 여전히 배우고 성장할 수 있다.

새로운 것을 시작하는 것이
어렵게 느껴질 수도 있지만,
그것이 불가능한 것은 아니다.

중요한 것은 두려움에 갇히지 않고,
변화 속에서도 나만의 속도로 걸어가는 것이다.

나의 호흡과 나의 리듬을 가지고
나의 길을 걸어가는 것이다.

마흔이 되면,
더 이상 누군가가 우리를 위해
길을 열어 주지 않는다.

하지만 그렇다고 해서 길이 사라지는 것은 아니다.

이제는 우리가 스스로 길을 만들어 가야 하는 시기다.

그것이 마흔 즈음에 우리가 맞이해야 할 현실이고,
우리가 감당해야 할 삶의 방식이다.

한국에서는 만화 '슬램덩크'로 유명한
'이노우에 타케히코' 작가님이 그린 작품 중에
이런 내용의 글이 있다.

"한결같이 외길을 걷는 모습은 아름답다.

하지만 보통 사람은 꼭 그렇지만도 않은 법

헤매고
실수하고
멀리 돌아가기도 한다.

그래도 좋다.
뒤를 돌아보면,

여기 부딪히고 저기 부딪히고
이리저리 헤맨 너의 길은

분명 누구보다도 넓을 테니까."

불혹(不惑)의 나이지만, 여전히 흔들리고 있는
우리가 걷고 있는 길도 이러한 길 같지 않을까.

내가 벌써
마흔이라니

ⓒ 김가락, 2025

초판 1쇄 발행 2025년 11월 25일

지은이	김가락
펴낸이	이기봉
편집	좋은땅 편집팀
펴낸곳	도서출판 좋은땅
주소	서울특별시 마포구 양화로12길 26 지월드빌딩 (서교동 395-7)
전화	02)374-8616~7
팩스	02)374-8614
이메일	gworldbook@naver.com
홈페이지	www.g-world.co.kr

ISBN 979-11-388-5016-2 (03810)

- 가격은 뒤표지에 있습니다.
- 이 책은 저작권법에 의하여 보호를 받는 저작물이므로 무단 전재와 복제를 금합니다.
- 파본은 구입하신 서점에서 교환해 드립니다.